Für

Von

MIX
Papier aus verantwortungsvollen Quellen
FSC® C002795
FSC
www.fsc.org

Mineralöl freie Druckfarbe

5 4 3 2 1 26 25 24 23 22

ISBN 978-3-649-64348-7

Hafenweg 30, 48155 Münster, Germany
Illustrationen: © 2022 Marjolein Bastin
Grafische Gestaltung: Stefanie Bartsch
Redaktion: Katrin Gebhardt

Printed in Latvia

www.coppenrath.de

Marjolein Bastin

Wunderbare Weihnachtszeit

Gedichte & Geschichten
zu Weihnachten

COPPENRATH

Inhalt

Und wir sehen schon den Stern

Weihnacht ist's nun wieder

In den Herzen wird es hell

Ich will Weihnachten im Herzen bewahren

MB

Und wir sehen
schon den Stern

Verse zum Advent

Noch ist Herbst nicht ganz entflohn,
aber als Knecht Ruprecht schon
kommt der Winter hergeschritten,
und alsbald aus Schnees Mitten
klingt des Schlittenglöckleins Ton.

Und was jüngst noch fern und nah
bunt auf uns herniedersah,
weiß sind Türme, Dächer, Zweige,
und das Jahr geht auf die Neige,
und das schönste Fest ist da.

Tag du der Geburt des Herrn,
heute bist du uns noch fern,
aber Tannen, Engel, Fahnen
lassen uns den Tag schon ahnen,
und wir sehen schon den Stern.

Theodor Fontane

Du weißt es ja, dass diese Zeit, Weihnachten und Neujahr, die euch allen in solch heller, herrlicher Freudigkeit aufgeht, mich immer aus friedlicher Klause hinauswirft auf ein wogendes, tosendes Meer. Weihnachten! Das sind Festtage, die mir in freundlichem Schimmer lange entgegenleuchten. Ich kann es nicht erwarten – ich bin besser, kindlicher als das ganze Jahr über, keinen finsteren, gehässigen Gedanken nährt die der wahren Himmelsfreude geöffnete Brust; ich bin wieder ein vor Lust jauchzender Knabe. Aus dem bunten vergoldeten Schnitzwerk in den lichten Christbuden lachen mich holde Engelgesichter an und durch das lärmende Gewühl auf den Straßen gehen, wie aus weiter Ferne kommend, heilige Orgelklänge: „Denn es ist uns ein Kind geboren!"

E.T.A. Hoffmann

Vorfreude auf Weihnachten

Ein Kind – von einem Schiefertafel-Schwämmchen
umhüpft – rennt froh durch mein Gemüt.
Bald ist es Weihnacht! – Wenn der Christbaum blüht,
dann blüht er Flämmchen.
Und Flämmchen heizen. Und die Wärme stimmt
uns mild. – Es werden Lieder, Düfte fächeln.
Wer nicht mehr Flämmchen hat, wenn nur noch
Fünkchen glimmt,
wird dann doch gütig lächeln.
Wenn wir im Traume eines ewigen Traumes
alle unfeindlich sind – einmal im Jahr! –,
uns alle Kinder fühlen eines Baumes.
Wie es sein soll, wie's allen einmal war.

Joachim Ringelnatz

Wenn es Winter wird

Der See hat eine Haut bekommen,
sodass man fast drauf gehen kann,
und kommt ein großer Fisch geschwommen,
so stößt er mit der Nase an.

Und nimmst du einen Kieselstein
und wirfst ihn drauf, so macht es klirr
und titscher – titscher – titscher – dirr ...
Heißa, du lustiger Kieselstein!
Er zwitschert wie ein Vögelein
und tut als wie ein Schwälblein fliegen –
doch endlich bleibt mein Kieselstein
ganz weit, ganz weit auf dem See draußen liegen.

Da kommen die Fische haufenweis
und schaun durch das klare Fenster von Eis
und denken, der Stein wär etwas zum Essen;
doch sosehr sie die Nase ans Eis auch pressen,
das Eis ist zu dick, das Eis ist zu alt,
sie machen sich nur die Nasen kalt.

Aber bald, aber bald
werden wir selbst auf eignen Sohlen
hinausgehn können und den Stein wiederholen.

Christian Morgenstern

Betrifft: Erster Schnee

Eines Morgens leuchtet es ins Zimmer,
Und du merkst: 's ist wieder mal so weit.
Schnee und Barometer sind gefallen.
– Und nun kommt die liebe Halswehzeit.

Kalte Blumen blühn auf Fensterscheiben.
Fröstelnd seufzt der Morgenblatt-Poet:
„Winter läßt sich besser nicht beschreiben,
Als es schon im Lesebuche steht ..."

Blüten kann man noch mit Schnee vergleichen,
Doch den Schnee … Man wird zu leicht banal.
Denn im Sommer ist man manchmal glücklich,
Doch im Winter nur sentimental.

Und man muß an Grimm'sche Märchen denken –
Und an einen winterweißen Wald –
Und an eine Bergtour um Silvester –
– Und dabei an sein Tarifgehalt …

Und man möchte wieder vierzehn Jahr sein:
Weihnachtsferien … Mit dem Schlitten raus!
Und man müßte keinen Schnupfen haben,
Sondern irgendwo ein kleines Haus,

Und davor ein paar verschneite Tannen,
Ziemlich viele Stunden vor der Stadt,
Wo es kein Büro, kein Telephon gibt.
– Wo man beinah keine Pflichten hat.

… Ein paar Tage lang soll nichts passieren!
Ein paar Stunden, da man nichts erfährt.
Denn was hat wohl einer zu verlieren,
Dem ja doch so gut wie nichts gehört …

Mascha Kaléko

Ein Lied, hinterm Ofen zu singen

Der Winter ist ein rechter Mann,
kernfest und auf die Dauer;
sein Fleisch fühlt sich wie Eisen an
und scheut nicht Süß noch Sauer.

War je ein Mann gesund, ist er's;
er krankt und kränkelt nimmer,
weiß nichts von Nachtschweiß noch Vapeurs
und schläft im kalten Zimmer.

Er zieht sein Hemd im Freien an
und lässt's vorher nicht wärmen
und spottet über Fluss im Zahn
und Kolik in Gedärmen.

Aus Blumen und aus Vogelsang
weiß er sich nichts zu machen,
hasst warmen Drang und warmen Klang
und alle warmen Sachen.

Doch wenn die Füchse bellen sehr,
wenn's Holz im Ofen knittert
und um den Ofen Knecht und Herr
die Hände reibt und zittert;

wenn Stein und Bein vor Frost zerbricht
und Teich und Seen krachen;
das klingt ihm gut, das hasst er nicht,
dann will er sich totlachen. –

Sein Schloss von Eis liegt ganz hinaus
beim Nordpol an dem Strande;
doch hat er auch ein Sommerhaus
im lieben Schweizerlande.

So ist er denn bald dort, bald hier,
gut Regiment zu führen.
Und wenn er durchzieht, stehen wir
und sehn ihn an und frieren.

Matthias Claudius

Winternacht

Dämmerstille Nebelfelder,
schneedurchglänzte Einsamkeit
und ein wunderbarer, weicher
Weihnachtsfriede weit und breit.

Nur mitunter, windverloren,
zieht ein Rauschen durch die Welt
und ein leises Glockenklingen
wandert übers stille Feld.

Und dich grüßen alle Wunder,
die am lauten Tag geruht,
und dein Herz singt Kinderlieder
und dein Sinn wird fromm und gut.

Und dein Blick ist voller Leuchten,
längst Entschlafnes ist erwacht ...
Und so gehst du durch die stille,
wunderweiche Winternacht.

Wilhelm Lobsien

Schnee

Schnee, zärtliches Grüßen
der Engel,
schwebe, sinke –
breit alles in Schweigen
und Vergessenheit!

Gibt es noch Böses,
wo Schnee liegt?
Verhüllt, verfernt er nicht
alles zu Nahe und Harte
mit seiner beschwichtigenden
Weichheit und dämpft selbst
die Schritte des Lautesten
in leise?

Schnee, zärtliches Grüßen
der Engel,
den Menschen, den Tieren! –
Weißeste Feier
der Abgeschiedenheit.

Francisca Stoecklin

Der Traum

Ich lag und schlief; da träumte mir
ein wunderschöner Traum:
Es stand auf unserm Tisch vor mir
ein hoher Weihnachtsbaum.

Und bunte Lichter ohne Zahl,
die brannten ringsumher;
die Zweige waren allzumal
von goldnen Äpfeln schwer.

Und als ich nach dem Baume sah
und ganz verwundert stand,
nach einem Apfel griff ich da,
und alles, alles schwand.

Da wacht ich auf aus meinem Traum,
und dunkel war's um mich.
Du lieber, schöner Weihnachtsbaum,
sag an, wo find ich dich?

Da war es just, als rief er mir:
„Du darfst nur artig sein;
dann steh ich wiederum vor dir;
jetzt aber schlaf nur ein!

Und wenn du folgst und artig bist,
dann ist erfüllt dein Traum,
dann bringet dir der heil'ge Christ
den schönsten Weihnachtsbaum."

Hoffmann von Fallersleben

Weihnachten! – Welch ein prächtiges Wort! – Immer höher türmt sich der Schnee in den Straßen; immer länger werden die Eiszapfen an den Dachtraufen; immer schwerer tauen am Morgen die gefrorenen Fensterscheiben auf! Ach, in vielen armen Wohnungen tun sie es gar nicht mehr. – Hinter den meisten Fenstern lugen erwartungsvolle Kindergesichter hervor; da und dort liegt auf der weißen Decke des Pflasters ein verlorner Tannenzweig. Es wird viel Goldschaum verkauft, und bedeckte Platten von Eisenblech, die vorbeigetragen werden, verbreiten einen wundervollen Duft.

Wilhelm Raabe

Der Bratapfel

Kinder, kommt und ratet,
was im Ofen bratet!
Hört, wie's knallt und zischt!
Bald wird aufgetischt
der Zipfel, der Zapfel,
der Kipfel, der Kapfel,
der gelbrote Apfel.

Kinder, lauft schneller,
holt einen Teller,
holt eine Gabel!
Sperrt auf den Schnabel
für den Zipfel, den Zapfel,
den Kipfel, den Kapfel,
den goldbraunen Apfel!

Sie pusten und prusten,
sie gucken und schlucken,
sie schnalzen und schmecken,
sie lecken und schlecken
den Zipfel, den Zapfel,
den Kipfel, den Kapfel,
den knusprigen Apfel.

Fritz und Emily Koegel

Weihnachtsfreuden

Am glänzendsten aber sind die Abendstunden, in welchen diese breite Straße von vielen tausend Lichtern aus den Buden von beiden Seiten erleuchtet wird, dass fast eine Tageshelle sich verbreitet, die nur hie und da durch das Gedränge der Menschen sich scheinbar verdunkelt. Alle Stände wogen fröhlich und laut schwatzend durcheinander. Hier trägt ein bejahrter Bürgersmann sein Kind auf dem Arm und zeigt und erklärt dem laut jubelnden Knaben alle Herrlichkeiten. Eine Mutter erhebt dort die kleine Tochter, dass sie sich in der Nähe der leuchtenden Puppen, deren Hände und Gesichter von Wachs die Natur anmutig nachahmen, näher betrachten könne. Ein Kavalier führt die geschmückte Dame, der Geschäftsmann lässt sich gern von dem Getöse und Gewirr betäuben und vergisst seiner Akten, ja selbst der jüngere und ältere Bettler erfreut sich dieser öffentlichen, allen zugänglichen Maskerade und sieht ohne Neid die ausgelegten Schätze und die Freude und Lust der Kinder, von denen auch die geringsten die Hoffnung haben, dass irgendetwas für sie aus der vollen Schatzkammer in die kleine Stube getragen werde.

So wandeln denn Tausende scherzend mit Plänen zu kaufen, erzählend, lachend, schreiend den süß duftenden mannigfaltigen Zucker- und Marzipangebäcken vorüber, wo Früchte in reizender Nachahmung, Figuren aller Art, Tiere und Menschen, alles in hellen Farben strahlend, die Lüsternen anlacht.

Ludwig Tieck

Gibt es ein herrlicheres Vergnügen
als zuzuschauen, wie sich alle Menschen
an einem Festtag freuen und ihre Herzen
an dem Strahl der Fröhlichkeit erwärmen,
der rasch, aber lebhaft durch die dunklen
Wolken des Lebens bricht.

Jean-Jacques Rousseau

In unsrer alten Apotheke

In unsrer alten Apotheke
mit den vielen Treppen und Dachböden
waren lauter Schornsteine.
Unter den einen konnte man sich mitten drunter stellen
und sah dann am helllichten Tage die Sterne.
Manchmal war alles dunkel.
Dann sah man gar nichts und fühlte nur, wie einem die dicken,
schweren Regentropfen
eiskalt auf die Backen platschten.
Aber das Schönste war doch, wenn man kurz vor Weihnachten,
frühmorgens,
wenn das ganze Haus nach Marzipanherzen roch,
grad unter dem kleinen, viereckigen Kuckloch oben,
auf der Erde einen weißen, spitzen Schneehaufen entdeckte.
Der glitzerte dann wie eine Konditormütze!

Arno Holz

Der Weihnachtsstern

Von Osten strahlt ein Stern herein
mit wunderbarem, hellem Schein,
es naht, es naht ein himmlisches Licht,
das sich in tausend Strahlen bricht!

Ihr Sternlein auf dem dunklen Blau,
die all ihr schmückt des Himmels Bau,
zieht euch zurück vor diesem Schein.
Ihr werdet alle winzig klein!

Verbergt euch, Sonnenlicht und Mond,
die ihr so stolz am Himmel thront!
Er naht, er naht sich von fern –
von Osten her – der Weihnachtsstern!

Franz von Pocci

Es ist Advent

Im Tale sind die Blumen nun verblüht
und auf den Bergen liegt der erste Schnee.
Des Sommers Licht und Wärme sind verglüht,
in Eis verwandelt ist der blaue See.

Wie würde mir mein Herz in Einsamkeit
und in des Winters Kälte angstvoll gehen,
könnt ich in aller tiefen Dunkelheit
nicht doch ein Licht in diesen Tagen sehn.

Es leuchtet fern und sanft aus einem Land,
das einstens voll von solchen Lichtern war,
da ging ich fröhlich an der Mutter Hand
und trug in Zöpfen noch mein braunes Haar.

Verändert hat die Welt sich hundertmal
in Auf und Ab – doch sieh, mein Lichtlein brennt!
Durch aller Jahre Mühen, Freud und Qual
leuchtet es hell und schön: Es ist Advent!

Friedrich Wilhelm Kritzinger

Weihnachtslied

Vom Himmel in die tiefsten Klüfte
ein milder Stern herniederlacht;
vom Tannenwalde steigen Düfte
und hauchen durch die Winterlüfte,
und kerzenhelle wird die Nacht.

Mir ist das Herz so froh erschrocken,
das ist die liebe Weihnachtszeit!
Ich höre fernher Kirchenglocken
mich lieblich, heimatlich verlocken
in märchenstille Herrlichkeit.

Ein frommer Zauber hält mich wieder,
anbetend, staunend muss ich stehn;
es sinkt auf meine Augenlider
ein goldner Kindertraum hernieder,
ich fühl's: Ein Wunder ist geschehn.

Theodor Storm

Die Kerzen am Adventskranz

Adventszeit war es und die Weihnacht nicht weit.
Die Erde trug wieder ihr schneeweißes Kleid.
In einem Zimmer brannten vier Kerzen,
und Freude erwachte in vielen Herzen.

Es war mucksmäuschenstill, so hat's angefangen,
als die Kerzen am Adventskranz zu reden begannen.

Die erste Kerze seufzte und sprach:
„Ich muss leider verlöschen an diesem Tag.
Man nennt mich Frieden und in mir ist's ganz leer.
Ich möcht so gern leuchten, doch ich kann es nicht mehr.
Die Menschen, sie finden hier keinen Frieden,
drum ist mir ein kurzes Leben beschieden."

Die zweite Kerze war ganz traurig und still:
„Auch ich muss nun sterben, weil mich keiner mehr will.

Ich heiße Glauben, ist das nicht schön?
Doch die Menschen, sie wollen mich nicht mehr sehn.
Ich bin überflüssig in dieser Welt,
weil keiner mehr glaubt, so wie's Gott gefällt.
Ich bin ganz verzweifelt und ich fasse es nicht.
Es hat keinen Sinn mehr, drum erlischt jetzt mein Licht."

Die dritte Kerze hauchte leise, man hörte es kaum,
und es wurde umso stiller im Raum:

„Ich bin die Liebe, hab keine Kraft, noch länger zu brennen,
weil die meisten Menschen mich nicht mehr kennen.
Sie lieben nur sich, stellen mich achtlos zur Seite
und sie sind egoistisch, die herzlosen Leute.
Verschenken keine Liebe, als würd's mich nicht geben,
drum hat's keinen Sinn mehr, weiterzuleben."

Die drei Kerzen verloschen ganz langsam und sacht
und keiner hat jetzt noch an sie gedacht.

Da betrat ein Kind den düsteren Raum,
und was es dort sah, das fasste es kaum.
„Warum seid ihr Kerzen auf einmal aus?
Es wird doch ganz dunkel in unserem Haus."
Da fiel ihm die vierte Kerze ins Wort:
„Komm her, Kind, ich bitt dich: Geh jetzt nicht fort.

Hab keine Angst und hör auf zu weinen.
Bald können die andern drei auch wieder scheinen.
Solange ich leuchte, ist noch gar nichts verloren.
Sie werden mit Freude heut neu geboren.
Ich heiße Hoffnung, du musst nicht verzagen.
Komm, Kind, wir wollen es jetzt gleich wagen:
Hol nur ein Streichholz und nimm von mir Licht,
doch sei schön vorsichtig und verbrenn dich auch nicht.
Geh zu den drei Kerzen und zünde sie an,
damit man sie weithin gut sehen kann.
Erwecke die Kerzen wieder zum Leben.
Sie werden dir Frieden und Glauben geben,
und auch der Liebe heller Schein
scheint strahlend in dein Herz hinein."

Ja, so geschah es und die Hoffnung gab Mut,
und jetzt ist alles, Gott sei Dank, wieder gut.
Glaube, Liebe, Hoffnung und Frieden
sei allen Menschen auf Erden beschieden.

Annemarie Wagner

MB

Christkinds getreuer Knecht

Von grünen Tannen dicht umstellt,
liegt still ein Haus am End der Welt.
Darinnen haust auf seine Art
ein alter Mann mit langem Bart.
Wenn's Winter wird, dann gibt's zu tun;
nicht mal am Abend kann er ruhn.
Und wenn's die ersten Flocken schneit,
dann schmunzelt er: Bald ist's soweit.
Und eines Abends schwebt ganz sacht
ein Engel durch die dunkle Nacht.

Er schwebt, umglänzt von goldnem Schein,
aufs Häuschen zu und geht hinein.
„He Alter" – ruft er – „sei bereit;
Dezember ist's und Weihnachtszeit!"
Der Engel aber, dass ihr's wisst,
kein andrer als das Christkind ist.
Ihm dient der Alte treu und recht:
Knecht Ruprecht ist's, des Christkinds Knecht.

Der Alte streicht den langen Bart
und spricht: „Ich bin bereit zur Fahrt!
Längst fertig sind die Sachen all;
der Esel wartet schon im Stall."
Der gute Graue, dick vom Ruhn,
bekommt nun tüchtig was zu tun.
Schwer die Säcke, bis zum Rand
gefüllt – so geht's ins Menschenland.
Drei Tage drauf klopft's bei euch an.
Du kriegst 'nen Schreck: der Weihnachtsmann!

Emil Weber

MB

Weihnacht
ist's nun wieder

Weihnachten

Markt und Straßen stehn verlassen,
still erleuchtet jedes Haus,
sinnend geh ich durch die Gassen,
alles sieht so festlich aus.

An den Fenstern haben Frauen
buntes Spielzeug fromm geschmückt,
tausend Kindlein stehn und schauen,
sind so wunderstill beglückt.

Und ich wandre aus den Mauern
bis hinaus ins freie Feld,
hehres Glänzen, heil'ges Schauern!
Wie so weit und still die Welt!

Sterne hoch die Kreise schlingen,
aus des Schnees Einsamkeit
steigt's wie wunderbares Singen –
o du gnadenreiche Zeit!

Joseph von Eichendorff

Wunderweiße Nächte

Es gibt so wunderweiße Nächte,
drin alle Dinge Silber sind.
Da schimmert mancher Stern so lind,
als ob er fromme Hirten brächte
zu einem neuen Jesuskind.

Weit wie mit dichtem Demantstaube
bestreut, erscheinen Flur und Flut,
und in die Herzen, traumgemut,
steigt ein kapellenloser Glaube,
der leise seine Wunder tut.

Rainer Maria Rilke

Wie der alte Christian Weihnachten feierte

„Kind“, sagte am Vortage des Weihnachtsfestes meine gute Mutter zu mir, „Kind, geh, bring dem alten Christian seine Kuchenstolle und dieses Paket. Sag, ich ließ ihn schön grüßen und er möchte das Fest und das neue Jahr gesund und ruhig verleben. Diesmal wär zu viel Arbeit, ich könnt nicht selber abkommen.“

Ich blickte etwas erstaunt und beunruhigt von meinem Buche auf. Ich kannte den mürrischen alten Waldhüter recht gut; wie oft hatte ich mich als kleines Mädchen vor seinem großen, rostigen Schnurrbart gefürchtet, wenn er uns beim Beerensuchen auf verbotenen Plätzen überraschte und uns mit seinem Brummbass aufschreckte und davonjagte.

Jetzt freilich hatten wir ihn nicht mehr zu fürchten, denn er war schon seit zwei Jahren pensioniert. Nach dem Tode des alten Försters, dem er sehr ergeben war, hatte auch er um seine Entlassung gebeten. Das Reißen in den Füßen sei zu arg, meinte er, er könne nicht mehr stundenlang im Walde umherlaufen; und mein Vater, der Arzt im Städtchen war, hatte ihm das gewünschte Attest ausgestellt. Seitdem hatten wir einen neuen Förster und einen neuen Waldhüter, und beide nahmen es nicht so genau mit uns Kindern. Der alte Christian Merkenthin aber zog zur Witwe Klemm draußen in der Vorstadt, die dem Walde am nächsten lag, und ließ sich selten blicken. Zu ihm sollte ich nun gehen.

Meine Mutter, der meine Unruhe nicht entgangen war, lächelte: „Geh nur, Kind, er ist in seiner Stube anders als du ihn sonst kennst, und du bist schon groß und verständig genug, um deine Freude an dem prächtigen alten Manne zu haben."

Ich nahm meinen Mut zusammen, als ich die gute Mutter so reden hörte, klappte mein Buch zu, langte Hut und Mantel vom Riegel und machte mich gehbereit.

„Wenn du dem Christian ein wenig Gesellschaft leisten willst, kannst du das gerne tun," sagte meine Mutter noch, indem sie mir sogleich die Pakete in den Arm legte, „um sechseinhalb Uhr wird beschert, da musst du wieder hier sein."

Ich nickte still, sagte ihr Lebewohl und ging mit leiser Neugier im Herzen und etwas Bangigkeit die Hauptstraße der Stadt hinunter. Ich beschleunigte meine Schritte und war bald aus der Häuserreihe heraus.

Die Wiesen, die sich bis zum Waldrande ausbreiteten, lagen im tiefen Schnee, und auf den kahlen Ästen der Kirschbäume, die die Chaussee begrenzten, hockten und flatterten Hunderte von Krähen, die wohl vergebens nach Futter suchten. An den beiden verschneiten Kornmühlen vorbei, die leise im Winde knarrten, kam ich mit rotgefrorener Nase und steifen Fingern endlich bei dem Häuschen der Witwe Klemm an, wo mich ein kleiner schwarzer Spitz mit wütendem Gebell ansprang. Die Frau des Hauses, die auf sein Kläffen herauskam, rief ihn zurück und maß mit großen Augen den unerwarteten Besuch. Auf meine Bitte führte sie mich jedoch bereitwillig die steile Holztreppe hinan auf den kleinen, mit frischem Sand bestreuten Flur, wo sie an einer der Türen klopfte. Ohne lange das Herein abzuwarten, öffnete sie, steckte den Kopf in die Spalte und meldete: „Eine kleine Jungfer wünscht Euch zu sprechen, Herr Merkenthin", worauf sie die Tür weit aufsperrte und mit einem schnellen, neugierigen Blicke verschwand.

Dichter Tabaksqualm umfing mich, als ich zögernd nähertrat und die Tür hinter mir zuzog; und zuerst sah ich weiter nichts als die mir wohlbekannte, aufrechte Gestalt mit der Jagdjoppe und den hohen Wasserstiefeln, die er, wie ich sah, auch im Hause trug. Auf sein knurriges, doch nicht gerade unfreundliches: „Na, was bringst denn du?" kam ich mutig näher und legte meine Pakete auf den Tisch.

„Das schickt Euch Mutter, Herr Merkenthin, und Ihr möchtet es nicht übel nehmen, wenn sie diesmal nicht selber käme, es wäre zu viel im Hause zu tun." Der Alte hatte unterdessen die Stolle ausgewickelt und die Strickjacke und die Strümpfe mit kritischen Blicken gemustert. Die Besichtigung schien zu seiner Zufriedenheit ausgefallen zu sein, denn er legte alles wie zärtlich unter den kleinen Tannenbaum, der auf einer weißen Serviette auf der Kommode stand, versenkte sich in Betrachtung seiner Schätze oder hing sonst seinen Gedanken nach; jedenfalls schien er meine kleine Anwesenheit ganz vergessen zu haben.

Meine Augen hatten sich indessen an den Rauch gewöhnt, und ich ließ sie nun in dem kleinen Zimmer umherwandern. Die Wand, an der ich lehnte, wurde fast ganz von einem großen schwarzen Ledersofa ausgefüllt, das mit seinem eingesunkenen Sitz und seinen breiten Armlehnen gewiss von Urgroßmutters Zeiten herstammte. Neben mir, auf einer der Lehnen, lag eine große graue Katze zusammengerollt und schlief. Ich streichelte ihr dickes Fell, da erhob sie sich langsam, machte einen Buckel und gab mir deutlich zu verstehen, dass sie noch mehr gestreichelt sein wollte. In demselben Augenblicke flatterte etwas über mir, und als ich hochsah, kam ein größerer Vogel und setzte sich auf meine Schulter.

Der alte Christian drehte sich um und brummte: „Magst du Tiere leiden, kleine Doktorn?“ Ich nickte eifrig und stand ganz still, um den kleinen Gast auf der Schulter nicht zu verscheuchen. Des Alten Stimme wurde jetzt etwas sanfter: „Ich mag eigentlich keine Vögel im Zimmer; was in den Wald gehört, soll im Walde bleiben, aber der Bengel will nicht wieder fort, trotzdem der gebrochene Flügel lange auskuriert ist. Es ist ein Star und ein kluger Vogel“, fügte er hinzu, und ich sah, wie seine Augen liebevoll nach dem Tierchen hinblickten.

„Verträgt er sich denn mit der Katze?“, fragte ich. „O, mein Peter weiß schon, wie weit er gehen darf“, knurrte der Alte, „und allein lass ich die beiden nicht, einer von ihnen spaziert in die Küche, wenn ich fortgehe; aber nun setz dich doch auf das Sofa, du hast einen weiten Weg gehabt in der Kälte, ich will dir was Warmes zu trinken holen.“

Er verschwand durch die Tür, und ich streichelte abwechselnd den Vogel, der ruhig auf meiner Schulter blieb, und die Katze, die sich wohlig an meinem Ärmel rieb.

Eine geschnitzte Wanduhr tickte laut, und über mich kam ein warmes Gefühl von Heimlichkeit und Weihnachtsfreude. Die Tannenzweige, die hinter dem kleinen Spiegel über der Kommode steckten, und das mit weißen Lichtern geschmückte Bäumchen verbreiteten einen lieben Duft, selbst der Tabaksqualm kam mir nun recht gemütlich vor. Christian kam mit einem Glas Grog aus der Küche; legte einen Pfefferkuchen auf ein vergoldetes Tellerchen, das er aus der obersten Kommodenschublade nahm, und reichte mir beides. Der alte Mann sah recht hilflos und ungeschickt dabei aus, aber mir gefiel es, und mein junges Herz fing an, den bärbeißigen Geber zu verstehen und zu lieben, wie nur Kinder lieben können, schnell und unmittelbar. Ich wollte ihm eigentlich sagen, dass uns solche Getränke verboten seien, fürchtete aber, ihn zu kränken, und schwieg. Tapfer trank ich die scharfe, heiße Brühe, im Stillen hoffend, dass meine Eltern es mir verzeihen würden. War ich doch damals schon zwölf oder dreizehn Jahre alt und begriff, dass Recht und Unrecht nicht so leicht zu sondern sind wie Äpfel und Nüsse und dass man sein Herz so erziehen muss, dass es ohne große Mühe das kleinere Unrecht und das größere Recht herausfühlt.

Der alte Christian sah befriedigt zu, wie ich schluckweise trank und meinen Pfefferkuchen mit der Katze und dem Star teilte. Plötzlich sagte er: „Hast du Zeit, eine Stunde mit mir in den Wald zu gehen? Du kannst mir tragen helfen." Ich nickte und sah ihn erwartungsvoll an. „Nun ja", fuhr er fort, als er meine fragenden

Augen sah, „nun ja, die Kreatur soll doch auch wissen, dass Weihnachten ist." Damit nahm er den Starmatz von meiner Schulter, ging in die Küche, und ich hörte an seinem Zureden, dass er den Vogel in seinen Bauer sperrte. Mir brannten die Backen vor Freude; ich ahnte wohl, was der alte Waldhüter, der sein halbes Leben in Gemeinschaft mit den Tieren des Waldes zugebracht hatte, tun wollte, und ich war glücklich, dieser seltsamen Bescherung beiwohnen zu dürfen. War ich doch von klein auf daran gewöhnt, auch die Tiere als Gottesgeschöpfe zu betrachten, sie zu schonen und zu lieben, wie ein erwachsener Bruder seine unmündigen Geschwister schonen und lieben soll. Als der alte Christian gleich darauf mit seiner Pelzmütze, den Wasserstiefeln und einem Sack über der Schulter wieder in die Wohnstube trat, glich er ganz und gar dem Weihnachtsmann aus den Märchen, und ich ließ mir wie im Traum den vollgepackten Henkelkorb über den Arm hängen. Er nahm noch einen Spaten und mehrere Tannenzweige mit und schritt mir voran und die Treppe hinab. „Adjes, Frau Klemm", rief er durch die halboffene Küchentür seiner Wirtin zu. „In ein bis zwei Stunden bin ich wieder da."

„Gut, Herr Merkenthin", klang es zurück, und ich ging und öffnete die Haustür. Der Spitz ließ uns mit leisem Knurren passieren. „Die Menschen sind auch misstrauisch, warum sollte es das Viehzeug nicht sein", sagte mein Begleiter. „Ihm kommt noch mehr Übles zu als unsereinem", und damit schritten wir der ungefähr eine Viertelstunde entfernten Schonung zu.

Die Sonne neigte sich schon tief nach Westen und stand wie eine blutrote Scheibe am Himmel; ein kühler Wind strich über die Felder. Wir mussten am Ortskirchhof vorbei, und mein Blick streifte die in tiefen Schnee gebetteten Gräber. Nie war ich bisher im Winter hierher gekommen; ich kannte den Kirchhof nur voller Grün und Blumen, und eine Ahnung von der Feierlichkeit alles Gewesenen streifte meine junge Seele.

Der alte Christian war stehen geblieben. „Warte ein paar Minuten", sagte er, „ich bin gleich wieder hier." Damit stellte er den Sack neben mich, nahm den Spaten und die grünen Zweige und verschwand hinter der eisernen Pforte. Ich sah ihm nach. Ein Schwarm Krähen flog bei seinem Eintritt in die Höhe, und ich verfolgte mit meinen Blicken die Vögel, wie sie krächzend dem Walde zuflogen. Ob die Tiere auch etwas vom Tode wussten? ...

Aus dem Hause des Totengräbers, der ein Stück weiter die Straße hinauf wohnte, klang plötzlich doppelstimmig: „O du fröhliche, o du selige, gnadenbringende Weihnachtszeit" und mein bewegliches Kinderherz streifte mit einem Lächeln die kleine Wehmut ab und wurde wieder hell und weihnachtsfröhlich, als gäbe es keine Kirchhöfe und keine hungrigen Krähen mehr auf der Welt. Jetzt kam auch der alte Christian zurück, aber ohne die grünen Zweige. „Hab meiner guten Frau und der kleinen Käte da drin bloß sagen wollen, dass ich am Weihnachtsabend an sie denke", brummte er, nahm, ohne mich weiter anzusehen, seinen Sack auf und ging etwas schneller als vorher dem Walde zu.

Ich ließ ihn vorausgehen und horchte auf den Klang des Weihnachtsliedes, der noch eine ganze Weile mit uns mitging; mir war, als wäre ich in der Kirche. Ich hätte dem alten Manne, der seine liebsten Menschen hatte begraben müssen und nun allein unter dem Weihnachtsbaum stehen würde, so herzlich gern etwas Liebes gesagt; aber ich wusste nicht, wie ich das beginnen sollte, und so ging ich schweigend hinter ihm her. Unvermutet kam mir da meine liebe Mutter in den Sinn; ich begriff, warum sie gerade dem alten Christian heut eine Herzensfreude bereiten wollte, und eine große Dankbarkeit überkam mich, ein neues schönes Gefühl von Liebe und Erkenntnis.

Der Wald, der sich jetzt vor uns ausbreitete, kam mir in seiner weißen Einsamkeit fast schöner vor als im Sommer. Der Wind hatte sich gelegt, wir hörten nur den weichen Ton unserer Schritte und dann und wann ein leises Knacken im Holze, das von dürren Ästen herrührte, denen die Schneelast zu schwer geworden war.

Christian blieb stehen: „Nun wollen wir unsere Weihnachtstische herrichten“, sagte er, nahm seinen großen Sack von den Schultern und band ihn auf. Was da nicht alles zum Vorschein kam! Hammer und Zange, Bindfaden und Nägel, Messer und Schere; und wozu er wohl all die Strohmatten und zugespitzten Stäbe brauchen würde, die er aus den Tiefen des Sackes hervorholte. Meine Neugierde sollte bald gestillt werden, denn ich musste meinen Korb hinsetzen und ihm bei seiner wunderlichen Arbeit behilflich sein.

Da, wo dichtes Astwerk den Schnee abgefangen hatte, sodass der Boden nur wenig damit bedeckt war, bauten wir unsere Speisekammern. Zwei Ecken einer Matte banden wir etwa meterhoch an einem Baumstamm fest, während die beiden anderen Ecken auf zwei in der Nähe eingebohrten Pfählen befestigt wurden.

So entstand ein gedeckter kleiner Raum, der den hungrigen Tieren gut zugängig war. Wir säuberten ihn vollends vom Schnee, und nun kamen auch mein Korb und sein Inhalt an die Reihe. „Hier am Waldrand hält sich Meister Lampe gern auf", sagte der alte Christian; dabei langte er Kohlblätter und Rüben aus dem Korbe, um sie dem Häschen aufzubauen, um ihm etwas seinen Winterhunger zu stillen. „Es ist ein Jammer, wie viel Gutes unnütz auf dem Kehrrichthaufen verkommt", fügte er hinzu. „Wo doch so viel dankbares kleines Gesindel in der Welt umherläuft, ja, ja, der Mensch denkt kaum an seinesgleichen, wie sollte er der Kreatur gedenken." Ich nickte ernsthaft und nachdenklich, und dann gingen wir weiter.

Alle fünfhundert Schritte etwa schufen wir ein neues Tischlein-deck-dich. Aber nicht bloß für die Hasen, auch für die Vögel wurde liebevoll gesorgt. Futterkästen mit allerlei Samen, Sonnenblumen- und Kürbiskernen wurden in Ast und Strauch untergebracht; Talgklöße und Speckschwarten, ja ein paar ganze Gänsegerippe und Bratenkeulen mussten sich die Bäume aufbinden lassen. „Die sind für die Meisen und Spechte, auch für die Rotkehlchen und das andere kleine Viehzeug, denen der

Flug übers Meer zu
weit ist“, meinte der
Christian; „hoffentlich naschen ihnen die Krähen und Dohlen nicht das Beste weg. Aber die wollen doch auch leben“, fügte er leise hinzu. „Auch dem Bösesten knurrt der Magen, ja, wenn der Hunger nicht wäre, wenn der Hunger nicht wäre!“

So stapften wir weiter durch den dichten Schnee, und während unser Gepäck immer leichter wurde, wurden unsere Herzen immer heller und weihnachtsfreudiger, und ich weiß nicht, wie es kam, plötzlich war mir das schöne Lied auf den Lippen, und ich sang es leise vor mich hin: „Es ist ein Ros entsprungen aus einer Wurzel zart ...“

Der Alte hörte andächtig zu, und als es zu Ende war, wiederholte er: „Mitten im kalten Winter – ja, mitten im kalten Winter, da blüht's oft drinnen am besten auf, aber das wirst du nicht verstehen, kleine Doktorn.“

Nein, ich verstand es damals noch nicht, jedoch ich fühlte, dass der alte Christian was Liebes damit meinte, und fasste nach seiner alten runzligen Hand.

MB

Das Schönste vom Tage sollten wir aber noch erleben. In einer Lichtung stand plötzlich ein großer Hirsch vor uns, und mehrere junge Hirsche und Hirschkühe kamen hinter ihm her. Er hob den Kopf mit dem schönen Geweih und sah uns klug und furchtlos an. Auf das leise Pfeifen des Alten kam er zutraulich näher und das ganze Rudel mit ihm. Wir warfen ihnen Brot und Kartoffeln zu, die sie sogleich verzehrten, ja, der große Hirsch wurde so dreist, dass er aus meiner ausgestreckten Hand ein Stück Brot nahm, und ihr könnt euch gewiss denken, wie sehr ich mich darüber freute.

„Es ist Schonzeit, da weiß die Kreatur, dass sie was riskieren kann", brummte der Alte; aber auch aus seinen umbuschten grauen Augen zuckte die Freude über das hübsche Bild.

Das schrille Geläute eines Schlittens, der auf der nahen Landstraße daherkam, ließ unsere lieben Gäste jäh auffahren und die Flucht ergreifen. Ich sah ihnen bedauernd nach. „Sie kommen schon wieder her, kleine Doktorn", sagte Christian, „hier ist seit vielen Jahren ihr Futterplatz."

Nun sah ich erst, dass etwa hundert Schritte von uns ein kleines festes Strohdach auf Pfählen aufgerichtet war und dass noch geringe Futterreste verstreut umherlagen. Mein Begleiter nahm aus dem Korbe reichlich Rosskastanien, Eicheln, getrocknete Lupinen und das noch übrige Brot und baute es dem Wilde als Weihnachtsgabe auf. „Kommen die Rehe auch hierher?", fragte ich und hoffte im Stillen, auch diese hübschen Tiere nahbei sehen zu dürfen. „Nein, denen müssen wir woanders bescheren", meinte der Alte, „die haben eine feine Nase und lieben den Hirschgeruch nicht. Und kiesätig ist die Bande auch", fügte er hinzu. „Wenn sie nichts Grünes mehr finden, fressen sie höchstens ein bisschen Korn und feines Heu, na, sie sollen auch ihr Teilchen kriegen. Aber aus der Hand werden sie dir wohl kaum fressen, du kleine Hexe, es ist ein furchtsames Chor; komm, ich weiß die Stellen, wo sie gern äsen, sie sollen heute auch was extra Leckeres haben."

Wir gingen noch etwas tiefer in den Wald und fanden bald an einer ziemlich versteckten kleinen Lichtung Spuren von Rehwild und einen ähnlichen Futterplatz wie zuvor. Hier legten wir Korn und Heu nieder und verhielten uns eine Weile mäuschenstill; die kleinen Gäste wollten sich aber nicht blicken lassen.

„Morgen früh werden sie die Bescherung schon finden", schmunzelte der Alte und band noch den Rest unserer Vorräte für die Vögel in die Bäume.

Es war auch mittlerweile Zeit geworden, an den Heimweg zu denken. Die Sonne war lange untergegangen, und nur der Schnee leuchtete uns aus dem Dickicht hinaus. Es war empfindlich kalt geworden, ich schlug den Mantelkragen hoch und steckte die fast erstarrten Hände in die Ärmel.

„Komm nur, kleine Doktorn", tröstete mich mein Begleiter, „der Schneiderwirt wohnt nicht weit von hier, der hat einen feinen Schlitten, und hastenichtgesehn sind wir zu Hause, das wäre doch noch ein Extra-Weihnachtsspaß, wie?" Und damit zog er mich frierende, kleine Person durch das Gewirr der Stämme auf nur ihm bekannten Pfaden vorwärts, und bald waren wir auf der Landstraße. Hier grüßte uns schon von Weitem das grüne Licht einer Laterne, die zum Wirtshaus „Zum Bären" gehörte. Peter Holtzen, ein früherer Schneider, hauste darin, und man nannte ihn in der ganzen Gegend den Schneiderwirt. Wir traten mit Behagen in die warme Wirtsstube, und die gute Mutter Holtzen zog mir gleich die nassen Schuhe und Strümpfe aus und hängte sie über die Messinghaken, die in den riesigen grünen Kachelofen eingeschraubt waren. Meine nackten Füße steckte sie in warme Pantoffeln, brachte mir eine Tasse heiße Milch, und nach ein paar Minuten wusste ich nichts mehr von Frost und Kälte.

Der alte Christian trank ein Glas Warmbier, rauchte dazu sein Pfeifchen und plauderte mit Peter, dem Schneiderwirt, über die Schlachten bei Wörth und Sedan und wie kalt es in diesem Winter gewesen war; und ich hörte den beiden alten Soldaten mit Interesse zu.

„Bist 'ne wackre Dirn", sagte der alte Christian zu mir, als wir eine halbe Stunde später in dem hübschen Wirtsschlitten unter lustigem Geläute nach Hause fuhren, „bist 'ne wackre Dirn, kleine Doktorn, ich ließ das Vater und Mutter extra bestellen und viele Grüße und schönen Dank dazu." Damit sprang er vor seiner Tür aus dem Schlitten, winkte noch mal mit der Pfeife, und der Kutscher fuhr weiter, meinem elterlichen Hause zu. Ich lief die Treppe hinauf und fiel meiner Mutter um den Hals. Mein Herz war zu voll; erst nach und nach konnte ich von allem erzählen. Aber nie zuvor hatten mir die Lichter am Tannenbaum so hell gestrahlt, und nie zuvor hatte ich Eltern und Geschwister so lieb gehabt wie an diesem Weihnachtsabend!

Zwischen dem alten Christian und mir entspann sich seit jenem Tage eine wirkliche Freundschaft, die bis zum Tode des alten Mannes dauerte. Oft saß ich an freien Nachmittagen in seinem Stübchen, las ihm die Zeitung vor oder beschäftigte mich mit seinen Haustieren, für die ich meist diesen oder jenen Leckerbissen bereithielt. Am Tage vor Weihnachten aber gingen wir regelmäßig in den Wald, um die Tiere zu füttern, und ich sammelte schon Wochen vorher für unsere Lieblinge.

Manch ein echtes und kluges Wort ist damals aus dem Munde des alten Christian in meine Seele geglitten und hat dort eigene Weihnachtskerzen angezündet, die hell und lieblich auf meinen Lebensweg leuchteten.

Paula Dehmel

Nun läuten Weihnachtsglocken
ringsum in Berg und Tal,
nun hört man ein Frohlocken
und Stimmen ohne Zahl,
von jung' und alten Herzen
ein Jubeln und ein Scherzen
beim Glanz der Weihnachtskerzen
im Stübchen und im Saal.

Doch horch! Ein Glöcklein klinget
da drauß' im tiefen Wald!
Wer ist es, der es schwinget?
Ein Siedler, grau und alt;
er ruft statt Weib und Kinde
sein trautes Waldgesinde
zum Weihnachtsangebinde,
so weit sein Glöcklein hallt.

Da kommt von Tal und Hügeln
und trippelt durch den Schnee
mit Pfoten und mit Flügeln
die ganze Feldarmee,
und milde streut er Speise
für jeden Gast im Kreise,
für Raben, Fink und Meise,
für Hasen, Fuchs und Reh.

Vom Himmel kam die Kunde
den Hirten auf dem Feld:
„Geboren ist zur Stunde
ein Heiland aller Welt!"
Wo Engel musizieren
und Menschen jubilieren,
sei auch den frommen Tieren
ihr Weihnachtstisch bestellt.

Du wohnst nicht in der Klause,
im finstern Waldgeäst,
du wohnst im warmen Hause,
die Vöglein friert's im Nest,
drum streu vors Fenster Bröcklein,
sie kommen ohne Glöcklein
im dünnen Federröcklein
zum frohen Weihnachtsfest.

Karl Gerok

Knecht Ruprecht

Von drauß' vom Walde komm ich her;
ich muss euch sagen, es weihnachtet sehr!
Allüberall auf den Tannenspitzen
sah ich goldene Lichtlein sitzen;
und droben aus dem Himmelstor
sah mit großen Augen das Christkind hervor.
Und wie ich so strolcht durch den finstern Tann,
da rief's mich mit heller Stimme an:
„Knecht Ruprecht", rief es, „alter Gesell,
hebe die Beine und spute dich schnell!
Die Kerzen fangen zu brennen an,
das Himmelstor ist aufgetan.
Alt und Junge sollen nun
von der Jagd des Lebens einmal ruhn;
und morgen flieg ich hinab zur Erden,
denn es soll wieder Weihnachten werden!"

Ich sprach: „O lieber Herre Christ,
meine Reise fast zu Ende ist.
Ich soll nur noch in diese Stadt,
wo's eitel gute Kinder hat."

„Hast denn das Säcklein auch bei dir?“
Ich sprach: „Das Säcklein, das ist hier,
denn Äpfel, Nuss und Mandelkern
essen fromme Kinder gern.“
„Hast denn die Rute auch bei dir?“
Ich sprach: „Die Rute, die ist hier.
Doch für die Kinder nur, die schlechten,
die trifft sie auf den Teil, den rechten.“
Christkindlein sprach: „So ist es recht;
so geh mit Gott, mein treuer Knecht!“

Von drauß' vom Walde komm ich her;
ich muss euch sagen, es weihnachtet sehr!
Nun sprecht, wie ich's hierinnen find!
Sind's gute Kind, sind's böse Kind?

Theodor Storm

Die hohen Tannen atmen

Die hohen Tannen atmen heiser
im Winterschnee, und bauschiger
schmiegt sich sein Glanz um alle Reiser.
Die weißen Wege werden leiser,
die trauten Stuben lauschiger.

Da singt die Uhr, die Kinder zittern:
Im grünen Ofen kracht ein Scheit
und stürzt in lichten Lohgewittern, –
und draußen wächst im Flockenflittern
der weiße Tag zur Ewigkeit.

Rainer Maria Rilke

Vom Christkind

Denkt euch, ich habe das Christkind gesehn!
Es kam aus dem Walde, das Mützchen voll Schnee,
mit rot gefrorenem Näschen.
Die kleinen Hände taten ihm weh,
denn es trug einen Sack, der war gar schwer,
schleppte und polterte hinter ihm her.
Was drin war, möchtet ihr wissen?
Ihr Naseweise, ihr Schelmenpack –
denkt ihr, er wäre offen, der Sack?
Zugebunden bis oben hin!
Doch war gewiss etwas Schönes drin!
Es roch so nach Äpfeln und Nüssen!

Anna Ritter

Die Nacht vor dem Heiligen Abend

Die Nacht vor dem Heiligen Abend,
da liegen die Kinder im Traum;
sie träumen von schönen Sachen
und von dem Weihnachtsbaum.

Und während sie schlafen und träumen,
wird es am Himmel klar,
und durch den Himmel fliegen
drei Engel wunderbar.

Sie tragen ein holdes Kindlein,
das ist der Heil'ge Christ;
es ist so fromm und freundlich,
wie keins auf Erden ist.

Und wie es durch den Himmel
still über die Häuser fliegt,
schaut es in jedes Bettchen,
wo nur ein Kindlein liegt,

und freut sich über alle,
die fromm und freundlich sind;
denn solche liebt von Herzen
das liebe Himmelskind.

Wird sie auch reich bedenken
mit Lust aufs Allerbest
und wird sie schön beschenken
zum lieben Weihnachtsfest.

Heut schlafen noch die Kinder
und sehn es nur im Traum,
doch morgen tanzen und springen
sie um den Weihnachtsbaum.

Robert Reinick

Der allererste Weihnachtsbaum

Der Weihnachtsmann ging durch den Wald. Er war ärgerlich. Sein weißer Spitz, der sonst immer lustig bellend vor ihm herlief, merkte das und schlich hinter seinem Herrn mit eingezogener Rute her.

Er hatte nämlich nicht mehr die rechte Freude an seiner Tätigkeit. Es war alle Jahre dasselbe. Es war kein Schwung in der Sache. Spielzeug und Esswaren, das war auf die Dauer nichts. Die Kinder freuten sich wohl darüber, aber quieken sollten sie und jubeln und singen, so wollte er es, das taten sie aber nur selten.

Den ganzen Dezembermonat hatte der Weihnachtsmann schon darüber nachgegrübelt, was er wohl Neues erfinden könne, um einmal wieder eine rechte Weihnachtsfreude in die Kinderwelt zu bringen, eine Weihnachtsfreude, an der auch die Großen teilnehmen würden. Kostbarkeiten durften es auch nicht sein, denn er hatte soundsoviel auszugeben und mehr nicht.

So stapfte er denn auch durch den verschneiten Wald, bis er auf dem Kreuzweg war. Dort wollte er das Christkindchen treffen. Mit dem beriet er sich nämlich immer über die Verteilung der Gaben.

Schon von Weitem sah er, dass das Christkindchen da war, denn ein heller Schein war dort. Das Christkindchen hatte ein langes weißes Pelzkleidchen an und lachte über das ganze Gesicht. Denn um es herum lagen große Bündel Kleeheu und Bohnenstiegen und Espen- und

Weidenzweige, und daran taten sich die hungrigen Hirsche und Rehe und Hasen gütlich. Sogar für die Sauen gab es etwas: Kastanien, Eicheln und Rüben.

Der Weihnachtsmann nahm seinen Wolkenschieber ab und bot dem Christkindchen die Tageszeit. „Na, Alterchen, wie geht's?“, fragte das Christkind. „Hast wohl schlechte Laune?“ Damit hakte es den Alten unter und ging mit ihm. Hinter ihnen trabte der kleine Spitz, aber er sah gar nicht mehr betrübt aus und hielt seinen Schwanz kühn in die Luft.

„Ja“, sagte der Weihnachtsmann, „die ganze Sache macht mir so recht keinen Spaß mehr. Liegt es am Alter oder an sonst was, ich weiß nicht. Das mit den Pfefferkuchen und den Äpfeln und Nüssen, das ist nichts mehr. Das essen sie auf, und dann ist das Fest vorbei. Man müsste etwas Neues erfinden, etwas, das nicht zum Essen und nicht zum Spielen ist, aber wobei Alt und Jung singt und lacht und fröhlich wird.“

Das Christkindchen nickte und machte ein nachdenkliches Gesicht, dann sagte es: „Da hast du recht, Alter, mir ist das auch schon aufgefallen. Ich habe daran auch schon gedacht, aber das ist nicht so leicht.“

„Das ist es ja gerade“, knurrte der Weihnachtsmann, „ich bin zu alt und zu dumm dazu. Ich habe schon richtiges Kopfweh vom vielen Nachdenken und es fällt mir doch nichts Vernünftiges ein. Wenn es so weitergeht, schläft allmählich die ganze Sache ein und es wird ein Fest wie alle anderen, von dem die Menschen dann weiter nichts haben als Faulenzen, Essen und Trinken.“

Nachdenklich gingen beide durch den weißen Winterwald, der Weihnachtsmann mit brummigem, das Christkindchen mit nachdenklichem Gesicht. Es war so still im Wald, kein Zweig rührte sich, nur wenn die Eule sich auf einen Ast setzte, fiel ein Stück Schneebehang mit halblautem Ton herab. So kamen die beiden, den Spitz hinter sich, aus dem hohen Holz auf einen alten Kahlschlag, auf dem große und kleine Tannen standen. Das sah wunderschön aus. Der Mond schien hell und klar, alle Sterne leuchteten, der Schnee sah aus wie Silber, und die Tannen standen darin, schwarz und weiß, dass es eine Pracht war. Eine fünf Fuß hohe Tanne, die allein im Vordergrund stand, sah besonders reizend aus. Sie war regelmäßig gewachsen, hatte auf jedem Zweig einen Schneestreifen, an den Zweigspitzen kleine Eiszapfen und glitzerte und flimmerte nur so im Mondenschein.

Das Christkindchen ließ den Arm des Weihnachtsmannes los, stieß den Alten an, zeigte auf die Tanne und sagte: „Ist das nicht wunderhübsch?"

„Ja", sagte der Alte, „aber was hilft mir das?"

„Gib ein paar Äpfel her", sagte das Christkindchen, „ich habe einen Gedanken."

Der Weihnachtsmann machte ein dummes Gesicht, denn er konnte es sich nicht recht vorstellen, dass das Christkind bei der Kälte Appetit auf die eiskalten Äpfel hatte. Er hatte zwar noch einen guten alten Schnaps, aber den mochte er dem Christkindchen nicht anbieten.

Er machte sein Tragband ab, stellte seine riesige Kiepe in den Schnee, kramte darin herum und langte ein paar recht schöne Äpfel heraus. Dann fasste er in die Tasche, holte sein Messer heraus, wetzte es an einem Buchenstamm und reichte es dem Christkindchen.

„Sieh, wie schlau du bist“, sagte das Christkindchen. „Nun schneid mal etwas Bindfaden in zwei Finger lange Stücke und mach mir kleine Pflöckchen.“

Dem Alten kam das alles etwas ulkig vor, aber er sagte nichts und tat, was das Christkind ihm sagte. Als er die Bindfadenenden und die Pflöckchen fertig hatte, nahm das Christkind einen Apfel, steckte ein Pflöckchen hinein, band den Faden daran und hängte den an einen Ast.

„So“, sagte es dann, „nun müssen auch an die anderen welche und dabei kannst du helfen, aber vorsichtig, dass kein Schnee abfällt!“

Der Alte half, obgleich er nicht wusste, warum. Aber es machte ihm schließlich Spaß und als die ganze kleine Tanne voll von rotbäckigen Äpfeln hing, da trat er fünf Schritte zurück, lachte und sagte: „Kiek, wie niedlich das aussieht! Aber was hat das alles für'n Zweck?“

„Braucht denn alles gleich einen Zweck zu haben?“, lachte das Christkind. „Pass auf, das wird noch schöner. Nun gib mal Nüsse her!“

Der Alte krabbelte aus seiner Kiepe Walnüsse heraus und gab sie dem Christkindchen. Das steckte in jedes ein Hölzchen, machte einen Faden daran, rieb immer eine Nuss an der goldenen Oberseite seiner Flügel, dann war die Nuss golden, und die nächste an der silbernen Unterseite seiner Flügel, dann hatte es eine silberne Nuss, und hängte sie zwischen die Äpfel.

„Was sagst nun, Alterchen?“, fragte es dann. „Ist das nicht allerliebst?“

„Ja“, sagte der, „aber ich weiß immer noch nicht ...“

„Komm schon!“, lachte das Christkindchen. „Hast du Lichter?“

„Lichter nicht“, meinte der Weihnachtsmann, „aber ’nen Wachsstock!“

„Das ist fein“, sagte das Christkind, nahm den Wachsstock, zerschnitt ihn und drehte erst ein Stück um den Mitteltrieb des Bäumchens und die anderen Stücke um die Zweigenden, bog sie hübsch gerade und sagte dann: „Feuerzeug hast du doch?“

„Gewiss“, sagte der Alte, holte Stein, Stahl und Schwammdose heraus, pinkte Feuer aus dem Stein, ließ den Zunder in der Schwammdose zum Glimmen kommen und steckte daran ein paar Schwefelspäne an. Die gab er dem Christkindchen. Das nahm einen hell brennenden Schwefelspan und steckte damit erst das oberste Licht an, dann das nächste davon rechts, dann das gegenüberliegende. Und rund um das Bäumchen gehend, brachte es so ein Licht nach dem andern zum Brennen.

Da stand nun das Bäumchen im Schnee; aus seinem halb verschneiten, dunklen Gezweig sahen die roten Backen der Äpfel, die Gold- und Silbernüsse blitzten und funkelten und die gelben Wachskerzen brannten feierlich. Das Christkindchen lachte über das ganze rosige Gesicht und patschte in die Hände, der alte Weihnachtsmann sah gar nicht mehr so brummig aus und der kleine Spitz sprang hin und her und bellte.

Als die Lichter ein wenig heruntergebrannt waren, wehte das Christkindchen mit seinen goldsilbernen Flügeln und da gingen die Lichter aus. Es sagte dem Weihnachtsmann, er solle das Bäumchen vorsichtig absägen. Das tat der und dann gingen beide den Berg hinab und nahmen das bunte Bäumchen mit.

Als sie in den Ort kamen, schlief schon alles. Beim kleinsten Hause machten die beiden Halt. Das Christkindchen machte leise die Tür auf und trat ein; der Weihnachtsmann ging hinterher. In der Stube stand ein dreibeiniger Schemel mit einer durchlochten Platte. Den stellten sie auf den Tisch und steckten den Baum hinein. Der Weihnachtsmann legte dann noch allerlei schöne Dinge, Spielzeug, Kuchen, Äpfel und Nüsse unter den Baum und dann verließen beide das Haus so leise, wie sie es betreten hatten.

Als der Mann, dem das Häuschen gehörte, am andern Morgen erwachte und den bunten Baum sah, da staunte er und wusste nicht, was er dazu sagen sollte. Als er aber an dem Türpfosten, den des Christkinds Flügel gestreift hatte, Gold- und Silberflimmer hängen sah, da wusste er Bescheid. Er steckte die Lichter an dem Bäumchen an und weckte Frau und Kinder. Das war eine Freude in dem kleinen Haus wie an keinem Weihnachtstag. Keines von den Kindern sah nach dem Spielzeug, nach dem Kuchen und den Äpfeln, sie sahen nur alle nach dem Lichterbaum. Sie fassten sich an den Händen, tanzten um den Baum und sangen alle Weihnachtslieder, die sie wussten, und selbst das Kleinste, das noch auf dem Arm getragen wurde, krähte, was es krähen konnte.

Als es helllichter Tag geworden war, da kamen die Freunde und Verwandten des Bergmanns, sahen sich das Bäumchen an, freuten sich darüber und gingen gleich in den Wald, um sich für ihre Kinder auch ein Weihnachtsbäumchen zu holen. Die anderen Leute, die das sahen, machten es nach, jeder holte sich einen Tannenbaum und putzte ihn an, der eine so, der andere so, aber Lichter, Äpfel und Nüsse hängten sie alle daran.

Als es dann Abend wurde, brannte im ganzen Dorf Haus bei Haus ein Weihnachtsbaum, überall hörte man Weihnachtslieder und das Jubeln und Lachen der Kinder.

Von da aus ist der Weihnachtsbaum über ganz Deutschland gewandert und von da über die ganze Erde. Weil aber der erste Weihnachtsbaum am Morgen brannte, so wird in manchen Gegenden den Kindern morgens beschert.

Hermann Löns

Christkind im Walde

Christkind kam in den Winterwald,
der Schnee war weiß, der Schnee war kalt.
Doch als das Heilige Kind erschien,
fing's an, im Winterwald zu blühn.

Christkindlein trat zum Apfelbaum,
erweckt ihn aus dem Wintertraum.
„Schenk Äpfel süß, schenk Äpfel zart,
schenk Äpfel mir von aller Art!"

Der Apfelbaum, er rüttelt sich,
der Apfelbaum, er schüttelt sich.
Da regnet's Äpfel ringsumher;
Christkindleins Taschen wurden schwer.

Die süßen Früchte alle nahm's
und so zu den Menschen kam's.
Nun, holde Mäulchen, kommt, verzehrt,
was euch Christkindlein hat beschert!

Ernst von Wildenbruch

Weihnachten

Ein Bäumlein grünt im tiefen Tann,
das kaum das Aug erspähen kann,
dort wohnt es in der Wildnis Schoß
und wird gar heimlich schmuck und groß.

Der Jäger achtet nicht darauf,
das Reh springt ihm vorbei im Lauf;
die Sterne nur, die alles sehn,
erschauen auch das Bäumlein schön.

Da mitten in des Winters Graus
erglänzt es fromm im Elternhaus.
Wer hat es hin mit einem Mal
getragen über Berg und Tal?

Das hat der Heilige Christ getan!
Sieh dir nur recht das Bäumlein an!
Der unsichtbar heut eingekehrt,
hat manches Liebe dir beschert.

Martin Greif

Christbaum

Hörst auch du die leisen Stimmen
aus den bunten Kerzlein dringen?
Die vergessenen Gebete
aus den Tannenzweiglein singen?

Hörst auch du das schüchternfrohe,
helle Kinderlachen klingen?
Schaust auch du den stillen Engel
mit den reinen, weißen Schwingen?

Schaust auch du dich selber wieder
fern und fremd nur wie im Traume?
Grüßt auch dich mit Märchenaugen
deine Kindheit aus dem Baume?

Ada Christen

Der kleine Tannenbaum

Es war einmal ein kleiner Tannenbaum im tiefen Tannenwalde, der wollte so gerne ein Weihnachtsbaum sein. Aber das ist gar nicht so leicht, als man das meistens in der Tannengesellschaft annimmt, denn der Heilige Nikolaus ist in der Beziehung sehr streng und erlaubt nur den Tannen als Weihnachtsbaum in Dorf und Stadt zu spazieren, die dafür ganz ordnungsmäßig in seinem Buch aufgeschrieben sind. Das Buch ist ganz erschrecklich groß und dick, so wie sich das für einen guten alten Heiligen geziemt. Und damit geht er im Walde herum in den klaren kalten Winternächten und sagt es allen den Tannen, die zum Weihnachtsfeste bestimmt sind. Dann erschauern die Tannen, die zur Weihnacht erwählt sind, vor Freude und neigen sich dankend. Dazu leuchtet des Heiligen Heiligenschein und das ist sehr schön und sehr feierlich.

Und der kleine Tannenbaum im tiefen Tannenwalde, der wollte so gerne ein Weihnachtsbaum sein. Aber manches Jahr schon ist der Heilige Nikolaus in den klaren, kalten Winternächten an dem kleinen Tannenbaum vorbeigegangen und hat wohl ernst und geschäftig in sein erschrecklich großes Buch geguckt, aber auch nichts und gar nichts dazu gesagt. Der arme kleine Tannenbaum war eben nicht ordnungsmäßig vermerkt – und da ist er sehr, sehr traurig geworden und hat ganz schrecklich geweint, sodass es ordentlich tropfte von allen Zweigen.

Wenn jemand so weint, dass es tropft, so hört man das natürlich, und diesmal hörte das ein kleiner Wicht, der ein grünes Moosröcklein trug, einen grauen Bart und eine feuerrote Nase hatte und in einem dunklen Erdloch wohnte. Das Männchen aß Haselnüsse, am liebsten hohle, und las Bücher, am liebsten dicke, und war ein ganz boshaftes kleines Geschöpf.

Aber den Tannenbaum mochte es gerne leiden, weil es oft von ihm ein paar grüne Nadeln geschenkt bekam für sein gläsernes Pfeifchen, aus dem es immer blaue ringelnde Rauchwolken in die goldene Sonne blies – und darum ist der Wicht auch gleich herausgekommen, als er den Tannenbaum so jämmerlich weinen hörte, und hat gefragt: „Warum weinst du denn so erschrecklich, dass es tropft?"

Da hörte der kleine Tannenbaum etwas auf zu tropfen und erzählte dem Männchen sein Herzeleid. Der Wicht wurde ganz ernst und seine glühende Nase glühte so sehr, dass man befürchten konnte, das Moosröcklein finge Feuer, aber es war ja nur die Begeisterung und das ist nicht gefährlich. Der Wichtelmann war also begeistert davon, dass der kleine Tannenbaum im tiefen Tannenwalde so gerne ein Weihnachtsbaum sein wollte, und sagte bedächtig, indem er sich aufrichtete und ein paarmal bedeutsam schluckte:

„Mein lieber kleiner Tannenbaum, es ist zwar unmöglich, dir zu helfen, aber ich bin eben ich und mir ist es vielleicht doch nicht unmöglich, dir zu helfen. Ich bin nämlich mit einigen Wachslichtern, darunter mit einem ganz bunten, befreundet, und die will ich bitten, zu dir zu kommen. Auch kenne ich ein großes Pfefferkuchenherz, das allerdings nur flüchtig – aber jedenfalls will ich sehen, was sich machen lässt. Vor allen aber – weine nicht mehr so erschrecklich, dass es tropft." Damit nahm der kleine Wicht einen Eiszapfen in die Hand als Spazierstock und wanderte los durch den tief verschneiten Wald, der fernen Stadt zu.

Es dauerte sehr, sehr lange, und am Himmel schauten schon die ersten Sterne der Heiligen Nacht durchs winterliche Dämmergrau auf die Erde hinab, und der kleine Tannenbaum war schon wieder ganz traurig geworden und dachte, dass er nun doch wieder kein Weihnachtsbaum würde.

Aber da kam's auch schon ganz eilig und aufgeregt durch den Schnee gestapft, eine ganze kleine Gesellschaft: der Wicht mit dem Eiszapfen in der Hand und hinter ihm sieben Lichtlein – und auch eine Zündholzschachtel war dabei, auf der sogar was draufgedruckt war und die so kurze Beinchen hatte, dass sie nur mühsam durch den Schnee wackeln konnte. Wie sie nun alle vor dem kleinen Tannenbaum standen, da räusperte sich der kleine Wicht im Moosröcklein vernehmlich, schluckte ein paarmal ganz bedeutsam und sagte:

„Ich bin eben ich – und darum sind auch alle meine Bekannten mitgekommen. Es sind sieben Lichtlein aus allervornehmstem Wachs, darunter sogar ein buntes, und auch die Zündholzschachtel ist aus einer ganz besonders guten Familie, denn sie zündet nur an der braunen Reibfläche. Und jetzt wirst du also ein Weihnachtsbaum werden. Aber was das große Pfefferkuchenherz betrifft, das ich nur flüchtig kenne, so hat es auch versprochen, zu kommen, es wollte sich nur noch ein Paar warme Filzschuhe kaufen, weil es gar so kalt ist draußen im Walde.

Eine Bedingung hat es freilich gemacht: Es muss gegessen werden, denn das müssen alle Pfefferkuchenherzen, das ist nun mal so. Ich habe schon einen Dachs benachrichtigt, den ich sehr gut kenne und dem ich einmal in einer Familienangelegenheit einen guten Rat gegeben habe. Er liegt jetzt im Winterschlaf, doch versprach er, als ich ihn weckte, das

Pfefferkuchenherz zu verspeisen. Hoffentlich verschläft er's nicht!"

Als das Männchen das alles gesagt hatte, räusperte es sich wieder vernehmlich und schluckte ein paarmal gar bedeutsam und dann verschwand es im Erdloch. Die Lichtlein aber sprangen auf den kleinen Tannenbaum hinauf und die Zündholzschachtel, die aus so guter Familie war, zog sich ein Zündholz nach dem anderen aus dem Magen, strich es an der braunen Reibfläche und steckte alle die Lichtlein der Reihe nach an. Und wie die Lichtlein brannten und leuchteten im tief verschneiten Walde, da ist auch noch keuchend und atemlos vom eiligen Laufen das Pfefferkuchenherz angekommen und hängte sich sehr freundlich und verbindlich mitten in den grünen Tannenbaum, trotzdem es nun doch die warmen Filzschuhe unterwegs verloren hatte und arg erkältet war.

Der kleine Tannenbaum aber, der so gerne ein Weihnachtsbaum sein wollte, der wusste gar nicht, wie ihm geschah, dass er nun doch ein Weihnachtsbaum war.

Am anderen Morgen aber ist der Dachs aus seiner Höhle gekrochen, um sich das Pfefferkuchenherz zu holen. Und wie er ankam, da hatten es die kleinen Englein schon gegessen, die ja in der Heiligen Nacht auf die Erde dürfen und die so gerne die Pfefferkuchenherzen speisen. Da ist der Dachs sehr böse geworden und hat sich bitter beklagt und ganz furchtbar auf den kleinen Tannenbaum geschimpft.

Dem aber war das ganz einerlei, denn wer einmal in seinem Leben seine heilige Weihnacht gefeiert hat, den stört auch der frechste Frechdachs nicht mehr.

Manfred Kyber

An der Straßenecke

An der Straßenecke, in der Häuser Gedränge,
in der Großstadt wogender Menschenmenge,
inmitten von Wagen, Karren, Karossen
ist heimlich ein Märchenwald entsprossen,
von leisem Glockenklingen durchhallt:
von Weihnachtsbäumen ein Tannenwald.
Da hält ein Wagen, ein Diener steigt aus
und nimmt den größten Baum mit nach Haus.

Ein Mütterchen kommt und prüft und wägt,
bis endlich den rechten sie heimwärts trägt.
Verloren zur Seite ein Stämmchen stand,
das fasste des Werkmanns ruhige Hand.
So sah ich einen Baum nach dem andern
in Schloss und Haus und Hütte wandern,
und schimmernd zog mit jedem Baum
ein duftiger, glänzender Märchentraum. –

Froh schaukelnd auf der Zweige Spitzen,
schneeweiß geflügelte Englein sitzen.
Die einen spielen auf Zinken und Flöten,
die andern blasen die kleinen Trompeten,
die wiegen Puppen, die tragen Konfekt,
die haben Bleisoldaten versteckt,
die schieben Puppentheaterkulissen,
die werfen sich mit goldenen Nüssen,
und ganz zuhöchst, in der Hand einen Kringel,
steht triumphierend ein pausbackiger Schlingel.

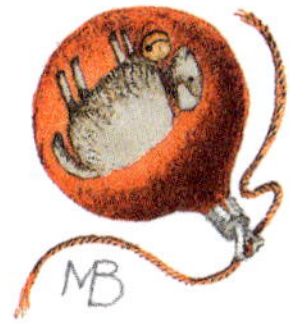

Da tönt ein Singen, ein Weihnachtsreigen –
verschwunden sind alle zwischen den Zweigen.
Am Tannenbaum hängt, was in Händen sie trugen.
Ein Jubelschrei schallt; und von unten lugen
mit Äuglein, hell wie Weihnachtslichter,
glückselig lachende Kindergesichter.

Jakob Loewenberg

Weihnachtslied

Zur Bescherung der Waisenkinder in Soest und von ihnen gesungen.

Wenn traulich mit schimmernden Flocken
der Winter die Erde bestreut
und rings die metallenen Glocken
sich regen zum Weihnachtsgeläut;

dann senkt sich auf goldigem Wagen
das Christkind zur Erde herab,
von rosigen Wolken getragen,
im Händchen den silbernen Stab.

Von purpurnem Samt ist sein Röckchen,
das Krönlein von edlem Gestein,
und über den wallenden Löckchen
glänzt blendend ein Heiligenschein.

Und Engel mit farbigen Schwingen
umringen das liebliche Kind,
und zitternde Glöckchen erklingen,
und huldigend flüstert der Wind.

So naht es der Erde Revieren
mit strahlendem, buntem Gespann;
es öffnen von selbst sich die Türen,
pocht leise sein Fingerchen an.

Und springen die Pforten, die Riegel,
bewältigt vom himmlischen Schein,
dann schwebt es mit leuchtendem Flügel
in Häuser und Hütten hinein.

Es sieht nach den schlafenden Kindern
und küsst sie voll Inbrunst und spricht:
„Schlaft ruhig, ihr möchtet mich hindern!
Schlaft ruhig und störet mich nicht."

Drauf trägt es in jegliches Zimmer
den prangenden, duftenden Baum.
Wie schmücken mit leuchtendem Schimmer
die Kerzen der Zweiglein Saum!

Wie funkeln die herrlichen Gaben!
Wer hat sich wohl Schönres gedacht!
Es weiß, was die Kinder gern haben,
das hat es denn alles gebracht!

O freut euch! Zu uns auch die Räder
des Wägleins hat es gelenkt!
O juble und freue sich jeder!
Wie reich sind auch wir heut beschenkt!

Ertöne melodisch in leisen
Akkorden, o Weihnachtsgesang!
Christkindchen, empfange der Waisen,
der glücklichen, innigen Dank!

Ferdinand Freiligrath

MB

Der Weihnachtsbaum

Es ist eine Kälte, dass Gott erbarm!,
klagte die alte Linde,
bog sich knarrend im Winde
und klopfte leise mit knorrigem Arm
im Flockentreiben
an die Fensterscheiben.
Es ist eine Kälte! Dass Gott erbarm!
Drinnen im Zimmer war's warm.
Da tanzte der Feuerschein so nett
auf dem weißen Kachelofen Ballett.
Zwei Bratäpfel in der Röhre belauschten,
wie die glühenden Kohlen
behaglich verstohlen
Kobold- und Geistergeschichten tauschten.
Dicht am Fenster im kleinen Raum,
da stand, behangen mit süßem Konfekt,
vergoldeten Nüssen und mit Lichtern besteckt,
der Weihnachtsbaum.
Und sie brannten alle, die vielen Lichter,
aber noch heller strahlten am Tisch
(es lässt sich wohl denken
bei den vielen Geschenken)
drei blühende, glühende Kindergesichter. –

Das war ein Geflimmer
im Kerzenschimmer!
Es lag ein so lieblicher Duft
in der Luft
nach Nadelwald, Äpfeln und heißem Wachs.
Tatti, der dicke Dachs,
schlief auf dem Sofa und stöhnte behaglich.
Er träumte lebhaft, wovon, war fraglich,
aber ganz sicher war es indessen,
er hatte sich schon (die Uhr war erst zehn),
doch man musste 's gestehn,
es war ja zu sehn,
er hatte sich furchtbar überfressen. –
Im Schaukelstuhl lehnte der Herzenspapa
auf dem nagelneuen Kissen und sah
über ein Buch hinweg auf die liebe Mama,
auf die Kinderfreude und auf den Baum.
Schade, nur schade,
er bemerkte es kaum,
wie schnurgerade
die Bleisoldaten auf dem Baukasten standen
und wie schnell die Pfefferkuchen verschwanden.
– Und die liebste Mama? – Sie saß am Klavier.
Es war so schön, was sie spielte und sang,
ein Weihnachtslied, das zu Herzen drang.

Lautlos horchten die andern vier.
Der Kuckuck trat vor aus der Schwarzwälderuhr,
als ob auch ihm die Weise gefiel. – –
Leise, ergreifend verhallte das Spiel.
Das Eis an den Fensterscheiben taute
und der Tannenbaum schaute
durchs Fenster die Linde
da draußen, kahl und beschneit
mit ihrer geborstenen Rinde.
Da dachte er an verflossene Zeit
und an eine andere Linde,
die am Waldrand einst neben ihm stand,
sie hatten in guten und schlechten Tagen
einander immer so lieb gehabt.
Dann wurde die Tanne abgeschlagen,
zusammengebunden und fortgetragen.
Die Linde, die Freundin, die ließ man stehn.
Auf Wiedersehn! Auf Wiedersehn!
So hatte sie damals gewinkt noch zuletzt. –
Ja, daran dachte der Weihnachtsbaum jetzt,
und keiner sah es, wie traurig dann
ein Tröpfchen Harz, eine stille Träne,
aus seinem Stamme zu Boden rann.

Joachim Ringelnatz

MB

In den Herzen
wird es hell

Am Heiligen Abend

Der Tag verschließt die reiche Farbenquelle
und Dämmerung macht dem Heiligen Abend Raum.
Ein milder Streif aus rosenroter Helle
fasst fern die Berge ein in purpur Saum.

Die Nacht, sie breitet ihren weichen Schleier
rings um die Erd wie um ein schlafend Kind.
Und wie ein Priester geht zu hoher Tempelfeier,
so schreitet still der Mond durch Nacht und Wind.

Auf Erden auch, da glühen tausend Kerzen
und bunte Lichter brennen überall.
Und Liebe strömet aus den offenen Herzen,
vergessen ist des Lebens Kampf und Qual.

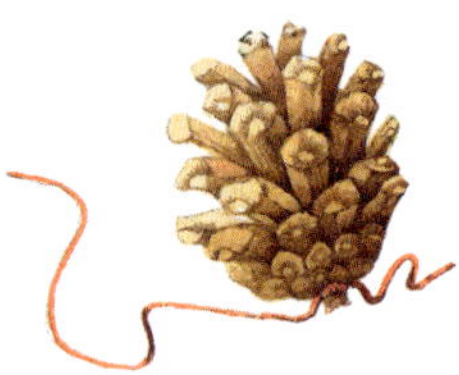

Vergessen sind die Tränen grauer Stunden,
vergessen Krankheit, Sorge, bittere Not.
Das Kind des Himmels hat den Weg zu uns gefunden
und mit ihm kam das neue Morgenrot.

Geh nie von uns und mach uns stark für alles.
Für alles, ob in Krankheit, Leid und Schmerz.
Mög uns das Kind des Himmels Frieden schenken
und trösten manch gequältes Menschenherz.

Moritz Gottlieb Saphir

Von einem Knaben und einem Mädchen, die nicht erfroren sind

In den Weihnachtserzählungen ist es von alther üblich, jährlich mehrere arme Knaben und Mädchen erfrieren zu lassen. Der Knabe oder das Mädchen einer angemessenen Weihnachtserzählung steht gewöhnlich vor dem Fenster eines großen Hauses, ergötzt sich am Anblick des brennenden Weihnachtsbaumes in einem luxuriösen Zimmer und erfriert dann, nachdem es viel Unangenehmes und Bitteres empfunden hat.

Ich verstehe die guten Absichten der Autoren solcher Weihnachtserzählungen, ungeachtet der Grausamkeit, welche die handelnden Personen betrifft; ich weiß, dass sie, diese Autoren, die armen Kinder erfrieren lassen, um die reichen Kinder an ihre Existenz zu erinnern; aber ich persönlich kann mich nicht dazu entschließen, auch nur einen einzigen Knaben oder ein armes Mädchen erfrieren zu lassen, auch zu solch einem sehr achtbaren Zweck nicht.

Ich selbst bin nicht erfroren und bin auch nicht beim Erfrieren eines armen Knaben oder armen Mädchens dabei gewesen und fürchte, allerhand lächerliche Dinge zu sagen, wenn ich die Empfindungen beim Erfrieren beschreibe, und außerdem ist es peinlich, ein lebendes Wesen erfrieren zu lassen, nur um ein anderes lebendes Wesen an seine Existenz zu erinnern.

Das ist es, weshalb ich es vorziehe, von einem Knaben und einem Mädchen zu erzählen, die nicht erfroren sind.

Es war am Heiligabend, ungefähr um sechs Uhr. Der Wind wehte und wirbelte hier und da durchsichtige Schneewölkchen auf. Diese kalten Wölkchen von nicht greifbarer Gestalt, schön und leicht wie zusammengeknüllter Müll, flogen überall umher, gerieten den Fußgängern ins Gesicht und stachen ihnen mit Eisnadeln in die Wangen, bestäubten den Pferden die Köpfe, die sie – warme Dampfwolken ausstoßend – laut wiehernd schüttelten. Die Telegrafendrähte waren mit Reif behängt, sie sahen wie Schnüre aus weißem Plüsch aus. Der Himmel war wolkenlos und funkelte von vielen Sternen. Sie glänzten so hell, als ob jemand sie zu diesem Abend mit Bürste und Kreide sorgfältig geputzt hätte, was natürlich unmöglich war.

Auf der Straße ging es laut und lebhaft her. Traber sausten dahin, Fußgänger kamen, von denen einige eilten, andere ruhig dahinschritten.

Dieser Unterschied lag sichtlich darin begründet, dass die ersteren etwas vorhatten und sich Sorgen machten oder keine warmen Mäntel besaßen, die letzteren aber weder Geschäfte noch Sorgen hatten und nicht nur warme Mäntel, sondern sogar Pelze trugen.

Dem einen dieser Leute, die keine Sorgen hatten und dafür Pelze mit üppigen Kragen, einem von diesen Herrschaften, die langsam und wichtig dahinschritten, rollten zwei kleine Lumpenbündel direkt vor die Füße und begannen, sich vor ihm herumdrehend, zweistimmig zu jammern.

„Lieber guter Herr“, klagte die hohe Stimme eines kleinen Mädchens.

„Euer Wohlgeboren“, unterstütze es die heisere Stimme eines Knaben.

„Geben Sie uns armseligen Kindern etwas!“

„Ein Kopekchen für Brot! Zum Feiertage!“, schlossen sie beide vereint.

Das waren meine kleine Helden – arme Kinder: der Knabe Mischka Pryschtsch und das Mädchen Katjka Rjabaja.

Der Herr ging weiter; sie aber liefen behende vor seinen Füßen hin und her, wobei sie ihm beständig im Wege waren, und Katjka flüsterte, vor Aufregung keuchend, immer wieder: „Geben Sie uns doch etwas!“, während Mischka sich bemühte, den Herrn so viel wie möglich am Gehen zu hindern.

Und da, als er ihrer endlich überdrüssig geworden war, schlug er seinen Pelz auseinander, nahm sein Portemonnaie heraus, führte es an seine Nase und schnaufte. Darauf entnahm er ihm eine Münze und steckte sie in eine der schmutzigen kleinen Hände, die sich ihm entgegenstreckten.

Die beiden Lumpenbündel gaben augenblicklich dem Herrn im Pelz den Weg frei und fanden sich plötzlich in einem Torweg, wo sie eng aneinandergedrückt eine Zeitlang schweigend die Straße auf und ab blickten.

„Er hat uns nicht gesehen, der Teufel!“, flüsterte der arme Knabe Mischka, boshaft triumphierend.

„Er ist um die Ecke herum zu den Droschkenkutschen

gegangen“, antwortete seine kleine Freundin. „Wie viel hat er denn gegeben, der Herr?“

„Einen Zehner!“, sagte Mischka gleichmütig.

„Und wie viel sind es jetzt im Ganzen?“

„Sieben Zehner und sieben Kopeken!“

„Oh, schon so viel! ... Gehen wir bald nach Hause? Es ist so kalt.“

„Dazu ist noch Zeit!“, sagte Mischka skeptisch. „Sieh zu, drängle dich nicht gleich vor; wenn dich die Polente sieht, packt sie dich und zaust dich ... Dort schwimmt eine Barke! Los!“

Die Barke war eine Dame in einer Rotonde, woraus zu ersehen ist, dass Mischka ein sehr boshafter, unerzogener und älteren Leuten gegenüber unehrerbietiger Knabe war.

„Liebe, gnädige Frau!“, begann er zu jammern.

„Geben Sie etwas, um Christi willen!“, rief Katjka.

„Drei Kopeken hat sie spendiert! Sieh mal an! Die Teufelsfratze!“, schimpfte Mischka und schlüpfte wieder in den Torweg.

Und die Straße entlang stoben nach wie vor leichte Schneewölkchen, und der kalte Wind wurde immer rauer. Die Telegrafenstangen summten dumpf, der Schnee knirschte unter den Schlittenkufen, und in der Ferne hörte man ein frisches, helles weibliches Lachen.

„Wird Tante Anfissa heute auch betrunken sein?“, fragte Katjka, sich fester an ihren Kameraden schmiegend.

„Warum denn nicht? Warum sollte sie nicht trinken? Genug davon!“, antwortete Mischka wichtig.

Der Wind wehte den Schnee von den Dächern und begann leise ein Weihnachtsliedchen zu pfeifen; irgendwo winselte eine Türangel. Darauf erklang das Klirren einer Glastür, und eine helle Stimme rief: „Droschke!"

„Lass uns nach Hause gehen!", schlug Katjka vor.

„Nun, jetzt fängst du noch an zu jammern!", fuhr der ernste Mischka sie an. „Was gibt es denn schon zu Hause?"

„Dort ist's warm", erklärte sie kurz.

„Warm!", äffte er sie nach. „Und wenn sich wieder alle versammeln, und du musst tanzen – ist es dann schön? Oder wenn sie dich mit Schnaps vollpumpen und dir wieder schlecht wird ... und da willst du nach Hause!"

Er streckte sich mit dem Ausdruck eines Menschen, der seinen Wert kennt und von seiner richtigen Ansicht fest überzeugt ist. Katjka gähnte fröstelnd und hockte in einem Winkel des Torweges nieder.

„Schweig lieber ... und wenn es kalt ist – halt aus ... das schadet nichts. Wir werden schon wieder warm werden. Ich kenne das schon! Ich will ..."

Er hielt inne, er wollte seine Kameradin zwingen, sich dafür zu interessieren, was er wollte. Sie aber zeigte nicht das geringste

Interesse und zog sich immer mehr zusammen. Da warnte Mischka sie besorgt: „Pass auf, dass du nicht einschläfst, sonst erfrierst du! Katjuschka?!"

„Nein, mir fehlt nichts", antwortete sie zähneklappernd.

Wenn Mischka nicht da gewesen wäre, wäre sie vielleicht auch erfroren; aber dieser erfahrene Bursche hatte sich fest vorgenommen, sie an der Ausführung dieser in der Weihnachtszeit üblichen Tat zu hindern.

„Steh lieber auf, das ist besser. Wenn du stehst, bist du größer, und der Frost kann dich nicht so leicht bezwingen. Mit Großen kann er nicht fertig werden. Zum Beispiel die Pferde – die frieren niemals. Aber der Mensch ist kleiner als das Pferd ... er friert ... Steh doch auf! Wir wollen es bis zu einem Rubel bringen – und dann marsch nach Hause!"

Am ganzen Körper zitternd stand Katjka auf.

„Es ist schrecklich kalt", flüsterte sie.

Es wurde in der Tat immer kälter, und die Schneewölkchen verwandelten sich nach und nach in herumwirbelnde Knäuel. Sie drehten sich auf der Straße, hier als weiße Säulen, dort als lange Streifen lockeren Gewebes, mit Brillanten besät.

Es war hübsch anzusehen, wenn solche Streifen sich über den Laternen schlängelten oder an den hell erleuchteten Fenstern der Geschäfte vorüberflogen. Dann sprühten sie als vielfarbige Funken auf, die kalt waren und die Augen mit ihrem Glanz blendeten. Obgleich das alles schön war, interessierte es meine beiden kleinen Helden absolut nicht.

„Hu – hu!", sagte Mischka, indem er die Nase aus seiner Höhle hinausstreckte. „Da kommen sie geschwommen! Ein ganzer Haufen! ... Katjka, schlaf nicht!"

„Gnädige Herrschaften!", begann das kleine Mädchen mit zitternder und unsicherer Stimme zu jammern, während es auf die Straße kullerte.

„Geben sie uns armen ... Katjuschka, lauf!", kreischte Mischka auf.

„Ach, ihr, ich werde euch", zischte ein langer Polizist, der plötzlich auf dem Bürgersteig erschienen war.

Aber sie waren bereits verschwunden. Sie waren wie zwei große zottige Knäuel fortgekullert und verschwunden.

„Sie sind fortgelaufen, die kleinen Teufel!", sagte der Polizist vor sich hin, lächelte gutmütig und blickte die Straße entlang.

Und die kleinen Teufel rannten und lachten aus vollem Halse.

Katjka fiel immer wieder hin, weil sie sich in ihren Lumpen verwickelte, und rief dann: „Lieber Gott! Schon wieder ... " und sah sich beim Aufstehen ängstlich lächelnd um.

„Kommt er hinterher?"

Mischka lachte, sich die Seite haltend, aus vollem Halse und bekam einen Nasenstüber nach dem anderen, weil er fortwährend mit Vorübergehenden zusammenstieß.

„Nun aber genug! Hol dich der Teufel! Wie sie herumkullert! Ach du dumme Trine! Plumps! Mein Gott schon wieder plumpst sie hin, das ist ja zu komisch!"

Katjkas Hinfallen stimmte ihn heiter.

„Jetzt wird er uns nicht mehr einholen, sei nur ruhig! Er ist nicht schlecht, das ist einer von den Guten ... Der andere, der von damals, hat gleich gepfiffen ... Ich renne los – und dem Polizisten direkt gegen den Bauch! Und mit der Stirn an seinen Knüppel ..."

„Ich weiß noch, du bekamst eine Beule ... ", und Katjka lachte wieder hellauf.

„Nun, schon gut!", sagte Mischka ernst. „Du hast genug gelacht! Hör jetzt, was ich dir sage."

Sie gingen nun im bedächtigen Schritt ernster und besorgter Leute nebeneinanderher.

„Ich hab dich belogen, der Herr hat mir zwei Zehner gegeben, und vorher habe ich dich auch belogen, damit du nicht sagen solltest, es sei Zeit, nach Hause zu gehen.

Heute haben wir einen guten Tag! Weißt du, wieviel wir gesammelt haben? Einen Rubel und fünf Kopeken! Das ist viel!"

„Ja-a-a!", flüsterte Katjka. „Für so viel Geld kann man sogar Schuhe kaufen ... auf dem Trödelmarkt."

„Nun, Schuhe! Schuhe stehle ich für dich ... warte nur ... ich habe es schon lange auf ein Paar abgesehen ... ich werde sie schon stibitzen. Aber weißt du was, wir wollen gleich in eine Schenke gehen ... ja?"

„Tantchen wird wieder davon erfahren, und dann setzt es was, wie das vorige Mal", sagte Katjka nachdenklich; aber in ihrem Ton klang schon Vorfreude auf die Wärme.

„Dann setzt es was? Nein, das wird nicht geschehen! Wir wollen uns eine Schenke suchen, wo uns niemand kennt."

„Ach so", flüsterte Katjka hoffnungsvoll.

„Also vor allem wollen wir ein halbes Pfund Wurst kaufen, das macht acht Kopeken; ein Pfund Weißbrot für fünf Kopeken. Das sind dreizehn Kopeken! Dann zwei Stück Kuchen zu drei Kopeken – das sind sechs Kopeken und im Ganzen schon neunzehn Kopeken!

Dann zahlen wir für zweimal Tee sechs Kopeken ... das macht einen Fünfundzwanziger! Siehst du! Dann bleiben uns ..."

Mischka schwieg und blieb stehen. Katjka schaute ihm ernst und fragend ins Gesicht.

„Das ist aber schon sehr viel", wiederholte sie schüchtern.

„Sei still ... warte ... Das macht nichts, es ist nicht viel, es ist sogar noch wenig. Dann essen wir noch was für acht Kopeken ... dann sind es im Ganzen dreiunddreißig! Essen wir drauflos! Ist ja Weihnachten. Dann bleiben ... bei fünfundzwanzig Kopeken acht Zehner und bei dreiunddreißig etwas über sieben Zehner übrig! Siehst du, wie viel! Hat sie noch mehr nötig, die Hexe? ... Hei! ... Geh mal schneller!"

Sie fassten sich an den Händen und hopsten auf dem Bürgersteig weiter. Der Schnee flog ihnen ins Gesicht und in die Augen. Mitunter wurden sie von einer Schneewolke vollständig bedeckt; sie hüllte die beiden kleinen Gestalten in einen durchsichtigen Schleier, den sie in ihrem Streben nach Wärme und Nahrung rasch zerrissen.

„Weißt du", begann Katjka, vom schnellen Gehen keuchend, „ob du willst oder nicht, aber wenn sie es erfährt, werde ich sagen, dass du das alles ... ausgedacht hast ... Tu, was du willst! Du wirst schließlich fortlaufen ... aber ich habe es schlechter ... mich kriegt sie immer ... und schlägt mich mehr als dich ... sie mag mich nicht. Pass auf, ich werde alles sagen!"

„Nur zu, sag es nur!“, nickte ihr Mischka zu. „Wenn sie uns auch durchprügelt – es wird schon wieder heilen. Das macht nichts ... Sag es nur ...“ Er war von Mut erfüllt und ging einher, pfeifend den Kopf zurückgeworfen. Sein Gesicht war schmal, und seine Augen hatten einen unkindlichen, schlauen Ausdruck, seine Nase war spitz und ein wenig gebogen.

„Da ist sie, die Schenke! Es sind sogar zwei! In welche wollen wir gehen?“

„Los, in die niedrige. Und zuerst in den Laden ... Komm!“

Und nachdem sie im Laden alles, was sie sich vorgenommen, gekauft hatten, traten sie in die niedrige Schenke.

Sie war voller Dampf und Rauch und einem sauren, betäubenden Geruch. Im dichten rauchigen Nebel saßen an den Tischen Droschkenkutscher, Landstreicher und Soldaten, zwischen den Tischen liefen unglaublich schmutzige Bedienstete umher, und alles schrie, sang und schimpfte.

Mischka fand mit scharfem Blick in einer Ecke ein leeres Tischchen und ging geschickt lavierend darauf zu, nahm schnell seinen Mantel ab und begab sich zum Büfett. Schüchtern um sich blickend, begann auch Katjka ihren Mantel auszuziehen.

„Onkelchen", sagte Mischka, „kann ich zwei Glas Tee bekommen?" Und schlug gleich mit der Faust auf das Büfett.

„Tee möchtest du haben! Bitte sehr! Gieß dir selbst ein und hol dir auch selbst kochendes Wasser … sieh aber zu, dass du nichts zerbrichst! Sonst werde ich dich …"

Aber Mischka war schon nach dem heißen Wasser fortgerannt. Nach zwei Minuten saß er mit seiner Kameradin ehrbar am Tisch, im Stuhl zurückgelehnt, mit der wichtigen Miene eines Droschkenkutschers nach tüchtiger Arbeit – und drehte sich bedächtig eine Zigarette aus Machorka. Katjka schaute ihn voller Bewunderung für seine Haltung in einem öffentlichen Lokal an. Sie konnte sich noch gar nicht an den lauten, betäubenden Lärm der Schenke gewöhnen und erwartete im Stillen, dass man sie beide „am Kragen nehmen" oder dass noch etwas Schlimmeres geschehen würde. Aber sie wollte ihre geheimen Befürchtungen nicht vor Mischka aussprechen und versuchte, indem sie ihr blondes Haar mit den Händen glättete, sich unbefangen und ruhig umzuschauen. Diese Bemühungen ließen ihre schmutzigen Backen immer wieder erröten, und sie kniff ihre blauen Augen verlegen zusammen. Aber Mischka belehrte sie bedächtig, bemüht, in Ton und Rede den Hausmann Signej nachzuahmen, der ein sehr ernster Mensch, wenn auch ein Trinker war und vor kurzer Zeit wegen Diebstahls drei Monate im Gefängnis gesessen hatte.

„Da bettelst du zum Beispiel ... Aber wie du bettelst, das taugt nichts, offen gesagt, ‚Ge-e-eben Sie, ge-e-eben Sie uns etwas!' Ist denn das die Hauptsache? Du musst den Menschen vor den Füßen sein, mach es so, dass er Angst hat, über dich zu fallen ..."

„Ich werde das tun ...", stimmte Katjka demütig zu.

„Nun, siehst du ...", nickte ihr Kamerad gewichtig. „So muss es auch sein. Und dann noch eins: Wenn zum Beispiel Tante Anfissa ... was ist denn diese Anfissa? Erstens eine Trinkerin! Und außerdem ..."

Und Mischka verkündete aufrichtig, was Tante Anfissa außerdem noch war. Im völligen Einverständnis mit Mischkas Bezeichnung nickte Katjka mit dem Kopf.

„Du folgst ihr nicht ... das muss man anders machen. Sage zu ihr: ‚Liebes Tantchen, ich werde brav sein ... ich werde Ihnen gehorchen ...' Schmier ihr also Honig ums Maul. Und dann tu, was du willst ... so musst du es machen ..."

Mischka schwieg und kratzte sich gewichtig den Bauch, wie es Signej immer tat, wenn er zu reden aufhörte. Damit war sein Thema erschöpft.

Er schüttelte den Kopf und sagte: „Nun wollen wir essen ..."

„Ja, los!", stimmte Katjka bei, die schon längst gierige Blicke auf Brot und Wurst geworfen hatte.

Dann begannen sie, ihr Abendessen zu verspeisen inmitten des feuchten, übelriechenden Dunkels der mit berußten Lampen schlecht beleuchteten Schenke, im Lärm zynischer Schimpfreden und Lieder. Sie aßen beide mit Gefühl, Verstand und Bedacht, wie echte Feinschmecker. Und wenn Katjka, aus dem Takt kommend, heißhungrig ein großes Stück abbiss, wodurch sich ihre Backen blähten und ihre Augen komisch hervortraten, brummte der bedächtige Mischka spöttisch: „Schau mal einer an, Mütterchen, wie du über das Essen herfällst!"

Das machte sie verlegen, und sie bemühte sich, beinahe erstickend, die wohlschmeckende Kost rasch zu zerkauen.

Nun, das ist auch alles. Jetzt kann ich sie ruhig ihren Weihnachtsabend zu Ende feiern lassen. Glauben Sie mir, sie werden nun nicht mehr erfrieren! Sie sind am richtigen Platz ... wozu sollte ich sie erfrieren lassen ...? Meiner Meinung nach ist es äußerst töricht, Kinder erfrieren zu lassen, welche die Möglichkeit haben, auf gewöhnliche und natürliche Weise zugrunde zu gehen.

Maxim Gorki

Weihnachten

Liebeläutend zieht durch Kerzenhelle
mild, wie Wälderduft, die Weihnachtszeit,
und ein schlichtes Glück streut auf die Schwelle
schöne Blumen der Vergangenheit.

Hand schmiegt sich an Hand im engen Kreise,
und das alte Lied von Gott und Christ
bebt durch Seelen und verkündet leise,
dass die kleinste Welt die größte ist.

Joachim Ringelnatz

Brief an die Mutter

Schloss Berg am Irchel, Kanton Zürich,
Schweiz, am 17. Dezember 1920

Meine liebe Mama,
wieder zu unserer gesegneten Stunde das liebevollste Gedächtnis vergangenster Weihnachtstage und der Wunsch, es möchten Dir nun, nach so böser Zeit, mit jedem Jahr stillere Feste, friedlichere und endlich auch wieder solche in einem kleinen, wirklich eigenen Heim vergönnt sein!

Da dies ausgesprochen ist, ist eigentlich alles ausgesprochen, denn nun heißt's nicht lesen, sondern in-sich-gehen und der heiligsten Feierstunde des Jahres die Krippe im eigenen Herzen bereiten, dass sie drin, und der Heiland in ihr, recht innig wieder zur Welt kommen möge!

Was ich Dir wünsche, liebe Mama, ist, dass an diesem weihevollen Abend das Erinnern aller Not, ja das Bewusstsein der nahen Sorge und Unsicherheit des Daseins ganz aufgehalten und gewissermaßen aufgelöst sein möchte in jenem innersten Wissen um die Gnade, der ja keine Zeit zu dicht im Verhängnis und keine Bangheit so verschlossen ist, dass sie nicht zu ihrer Zeit – die nicht die unsrige ist! – einzutreten und das scheinbar Unüberwindliche mit ihrem milden Sieg zu durchdringen wüsste. Es gibt keinen Moment im langen Jahre, wo man sich ihre immerfort mögliche Erscheinung und dann Allgegenwärtigkeit so lebhaft ins Gemüt zu rufen vermöchte wie diese über die Jahrhunderte hin unabhängige Winternacht, die durch die unvergleichliche Hinzukunft jenes alle Wesen umwandelnden Kindes die Summe aller übrigen Erdennächte an Wert mit einem Schlag überwog und übertraf. Mag der leichte Sommer, wo das Dasein um ein Beträchtliches erträglicher und mühloser scheint, wo wir nicht so unmittelbarer Anfeindung aus der Luft und aus der heiter beschäftigten Natur uns zu erwehren haben – mag der glücklichere Sommer uns mit Tröstungen verwöhnen –, was sind sie alle gegen die unermesslichen Trostschätze dieser außen unscheinbaren, ja armen Nacht, die nach innen zu plötzlich offensteht wie ein alle umfassendes und wärmendes Herz und die wirklich mit Schlägen ihres glockentonigen Herzens antwortet auf unser Hineinhorchen in den innersten Gewahrsam!

Alle Verkündigungen der Vorzeit reichten nicht hin, diese Nacht anzusagen, alle Hymnen, die zu ihrem Preise gesungen worden sind, reichten nicht an die Stille und Spannung heran, in der Hirten und Könige niederknieten – so wie ja auch wir, keiner von uns, je imstande gewesen ist, während diese Wundernacht ihm geschieht, die Maße seines Erlebens anzugeben.

Es ist so recht das Mysterium von dem knienden, von dem tief knienden Menschen: dass er größer sei, seiner geistigen Natur nach, als der stehende!, welches in der Nacht gefeiert wird. Der Kniende, der sich ganz ans Knien gibt, verliert allerdings das Maß seiner Umgebung, selbst aufschauend, wüsste er nicht mehr zu sagen, was groß und was klein ist. Aber ob er gleich in seiner Abgebogenheit kaum die Höhe eines Kindes hat, so ist er, dieser Kniende, doch nicht klein zu nennen. Mit ihm verschiebt sich die Skala, denn er, indem er der eigentümlichen Schwere und Kraft in seinen Knien folgt und die Stellung einnimmt, die sich zu ihnen hinbezieht, gehört bereits zu jener Welt, in der Höhe Tiefe ist, – und wenn schon Höhe unserem Blick und unseren Apparaten unermesslich bleibt: Wer ermäße die Tiefe?

Dieses aber ist die Nacht der aufgetanen strahlenden Tiefe: Möge sie Dir, liebe Mama, geweiht und gesegnet sein. Amen.

Für die Sechs-Uhr-Stunde der Weihnacht 1920.

René

Rainer Maria Rilke

Die Weihe der Nacht

Nächtliche Stille!
Heilige Fülle,
wie von göttlichem Segen schwer,
säuselt aus ewiger Ferne daher.
Was da lebte,
was aus engem Kreise
auf ins Weitste strebte,
sanft und leise
sank es in sich selbst zurück
und quillt auf in unbewusstem Glück.

Und von allen Sternen nieder
strömt ein wunderbarer Segen,
dass die müden Kräfte wieder
sich in neuer Frische regen,
und aus seinen Finsternissen
tritt der Herr, so weit er kann,
und die Fäden, die zerrissen,
knüpft er alle wieder an.

Friedrich Hebbel

Weihnachtslied

Und zögst du tausend Meilen weit
in alle Welt hinaus
und kommt die liebe Weihnachtszeit,
du wolltst, du wärst zu Haus.
Die Nachtigall, so süß sie singt,
weckt Sehnsucht nicht so sehr,
als wenn das Weihnachtsglöckchen klingt
von deiner Heimat her.

Da fällt dir mit dem Tannenbaum
und mit dem Lichterschein
der ganze schöne goldne Traum
von deiner Kindheit ein.
Es wird dir so erinnrungsmild,
die Tränen kommen schier
und manches liebe Menschenbild
tritt vor die Seele dir.

Und mancher, der dir teuer war
und Gutes dir erzeigt,
der schläft nun auch schon manches Jahr,
die Erde sei ihm leicht!
Und wem du in der Heimat bist
in Liebe zugetan,
dem stecktest du zum heil'gen Christ
gern auch ein Lämpchen an.

Und bist geschieden du in Groll,
heut tut dir's doppelt leid,
und denkst nach Haus wohl wehmutsvoll,
das macht die Weihnachtszeit!
Denn bittrer ist die Fremde nicht
als in der Weihnachtslust,
wo du, ein unbekannt Gesicht,
bei Seite treten musst.

Drum, zögst du tausend Meilen weit
in alle Welt hinaus
und kommt die liebe Weihnachtszeit,
du wolltst, du wärst zu Haus.
Die Nachtigall, so süß sie singt,
weckt Sehnsucht nicht so sehr,
als wenn das Weihnachtsglöckchen klingt
von deiner Heimat her.

Friedrich Stoltze

Das Paket des lieben Gottes

Nehmt eure Stühle und eure Teegläser mit hier hinter an den Ofen und vergeßt den Rum nicht. Es ist gut, es warm zu haben, wenn man von der Kälte erzählt.

Manche Leute, vor allem eine gewisse Sorte Männer, die etwas gegen Sentimentalität hat, haben eine starke Aversion gegen Weihnachten. Aber zumindest ein Weihnachten in meinem Leben ist bei mir wirklich in bester Erinnerung. Das war der Weihnachtsabend 1908 in Chicago. Ich war Anfang November nach Chicago gekommen, und man sagte mir sofort, als ich mich nach der allgemeinen Lage erkundigte, es würde der härteste Winter werden, den diese ohnehin genügend unangenehme Stadt zustande bringen könnte. Als ich fragte, wie es mit den Chancen für einen Kesselschmied stünde, sagte man mir, Kesselschmiede hätten keine Chance, und als ich eine halbwegs mögliche Schlafstelle suchte, war alles zu teuer für mich. Und das erfuhren in diesem Winter 1908 viele in Chicago, aus allen Berufen.

Und der Wind wehte scheußlich vom Michigan-See herüber durch den ganzen Dezember, und gegen Ende des Monats schloßen auch noch eine Reihe großer Fleischpackereien ihren Betrieb und warfen eine ganze Flut von Arbeitslosen auf die kalten Straßen.

Wir trabten die ganzen Tage durch sämtliche Stadtviertel und suchten verzweifelt nach etwas Arbeit und waren froh, wenn wir am Abend in einem winzigen, mit erschöpften Leuten angefüllten Lokale im Schlachthofviertel unterkommen konnten. Dort hatten wir es wenigstens warm und konnten ruhig sitzen. Und wir saßen, so lange es irgend ging, mit einem Glas Whisky, und wir sparten alles den Tag über auf für dieses eine Glas Whisky, in das noch Wärme, Lärm und Kameraden mit einbegriffen waren, all das, was es an Hoffnung für uns noch gab.

Dort saßen wir auch am Weihnachtsabend dieses Jahres, und das Lokal war noch überfüllter als gewöhnlich und der Whisky noch wässriger und das Publikum noch verzweifelter. Es ist einleuchtend, daß weder das Publikum noch der Wirt in Feststimmung geraten, wenn das ganze Problem der Gäste darin besteht, mit einem Glas eine ganze Nacht auszureichen, und das ganze Problem des Wirtes, diejenigen hinauszubringen, die leere Gläser vor sich stehen hatten.

Aber gegen zehn Uhr kamen zwei, drei Burschen herein, die, der Teufel mochte wissen woher, ein paar Dollars in der Tasche hatten, und die luden, weil es doch eben Weihnachten war und Sentimentalität in der Luft lag, das ganze Publikum ein, ein paar Extragläser zu leeren. Fünf Minuten darauf war das ganze Lokal nicht wiederzuerkennen. Alle holten sich frischen Whisky (und paßten nun ungeheuer genau darauf auf, daß ganz korrekt eingeschenkt wurde), die Tische wurden zusammengerückt, und ein verfroren aussehendes Mädchen wurde gebeten, einen Cakewalk zu tanzen, wobei sämtliche Festteilnehmer mit den Händen den Takt klatschten. Aber was soll ich sagen, der Teufel mochte seine schwarze Hand im Spiel haben, es kam keine rechte Stimmung auf.

Ja, geradezu von Anfang an nahm die Veranstaltung einen direkt bösartigen Charakter an. Ich denke, es war der Zwang, sich beschenken lassen zu müssen, der alle so aufreizte. Die Spender dieser Weihnachtsstimmung wurden nicht mit freundlichen Augen betrachtet. Schon nach den ersten Gläsern des gestifteten Whiskys wurde der Plan gefaßt, eine regelrechte Weihnachtsbescherung, sozusagen ein Unternehmen größeren Stils, vorzunehmen.

Da ein Überfluß an Geschenkartikeln nicht vorhanden war, wollte man sich weniger an direkt wertvolle und mehr an solche Geschenke halten, die für die zu Beschenkenden passend waren und vielleicht sogar einen tieferen Sinn ergaben.

So schenkten wir dem Wirt einen Kübel mit schmutzigem Schneewasser von draußen, wo es davon gerade genug gab, damit er mit seinem alten Whisky noch ins neue Jahr hinein ausreichte. Dem Kellner schenkten wir eine alte, erbrochene Konservenbüchse, damit er wenigstens ein anständiges Servicestück hätte, und einem zum Lokal gehörigen Mädchen ein schartiges Taschenmesser, damit es wenigstens die Schicht Puder vom vergangenen Jahr abkratzen könnte.

Alle diese Geschenke wurden von den Anwesenden, vielleicht nur die Beschenkten ausgenommen, mit herausforderndem Beifall bedacht. Und dann kam der Hauptspaß.

Es war nämlich unter uns ein Mann, der mußte einen schwachen Punkt haben. Er saß jeden Abend da, und Leute, die sich auf dergleichen verstanden, glaubten mit Sicherheit behaupten zu können, daß er, so gleichgültig er sich auch geben mochte, eine gewisse, unüberwindliche Scheu vor allem, was mit der Polizei zusammenhing, haben mußte. Aber jeder Mensch konnte sehen, daß er in keiner guten Haut steckte.

Für diesen Mann dachten wir uns etwas ganz Besonderes aus. Aus einem alten Adreßbuch rissen wir mit Erlaubnis des Wirtes drei Seiten aus, auf denen lauter Polizeiwachen standen, schlugen sie sorgfältig in eine Zeitung und überreichten das Paket unserm Mann.

Es trat eine große Stille ein, als wir es überreichten. Der Mann nahm zögernd das Paket in die Hand und sah uns mit einem etwas kalkigen Lächeln von unten herauf an. Ich merkte, wie er mit den Fingern das Paket anfühlte, um schon vor dem Öffnen festzustellen, was darin sein könnte. Aber dann machte er es rasch auf.

Und nun geschah etwas sehr Merkwürdiges. Der Mann nestelte eben an der Schnur, mit der das „Geschenk" verschnürt war, als sein Blick, scheinbar abwesend, auf das Zeitungsblatt fiel, in das die interessanten Adreßbuchblätter geschlagen waren. Aber da war sein Blick schon nicht mehr abwesend. Sein ganzer dünner Körper (er war sehr lang) krümmte sich sozusagen um das Zeitungsblatt zusammen, er bückte sein Gesicht tief darauf herunter und las. Niemals, weder vor- noch nachher, habe ich je einen Menschen so lesen sehen. Er verschlang das, was er las, einfach. Und dann schaute er auf. Und wieder habe ich niemals, weder vor- noch nachher, einen Mann so strahlend schauen sehen wie diesen Mann.

„Da lese ich eben in der Zeitung“, sagte er mit einer verrosteten, mühsam ruhigen Stimme, die in lächerlichem Gegensatz zu seinem strahlenden Gesicht stand, „daß die ganze Sache einfach schon lang aufgeklärt ist. Jedermann in Ohio weiß, daß ich mit der ganzen Sache nicht das Geringste zu tun hatte.“ Und dann lachte er.

Und wir alle, die erstaunt dabei standen und etwas ganz anderes erwartet hatten und fast nur begriffen, daß der Mann unter irgendeiner Beschuldigung gestanden und inzwischen, wie er eben aus dem Zeitungsblatt erfahren hatte, rehabilitiert worden war, fingen plötzlich an, aus vollem Halse und fast aus dem Herzen mitzulachen, und dadurch kam ein großer Schwung in unsere Veranstaltung, die gewisse Bitterkeit war überhaupt vergessen, und es wurde ein ausgezeichnetes Weihnachten, das bis zum Morgen dauerte und alle befriedigte.

Und bei dieser allgemeinen Befriedigung spielte es natürlich gar keine Rolle mehr, daß dieses Zeitungsblatt nicht wir ausgesucht hatten, sondern Gott.

Bertolt Brecht

MB

Der Stern

Über Bethlehem strahlt ein Stern in der Nacht.
Wie schön ist sein Glanz, seine himmlische Pracht.
Er leuchtet für alle, für Groß und für Klein.
Er leuchtet uns tief ins Herz hinein.

Das Dunkel in uns, es verschwindet ganz schnell
und in allen Herzen wird's wieder hell.
So hell und so warm ist der Schein in der Nacht.
Er hat uns Freude und Hoffnung gebracht.

Wir sollten ihm danken; schau her und bedenk:
Das Licht in uns allen, das ist ein Geschenk.
Es darf nicht verlöschen, denn sein goldener Schein
bringt Licht in das Dunkel der Menschen hinein.

Annemarie Wagner

Weihnacht

Sterne leuchten über Städte,
über Dörfer rings im Land.
Heilig still und weiß
liegt die Welt im Kreis
unter Gottes Hand.

Kinder singen vor den Türen:
„Stille Nacht, heilige Nacht!“
Durch die Scheiben bricht
hell ein Strom von Licht,
aller Glanz erwacht.

Und von Turm zu Turm ein Grüßen,
und von Herz zu Herz ein Sinn,
und die Liebe hält
aller Welt
ihre beiden Hände hin.

Gustav Falke

Einsam am Heiligen Abend

Jedes Mal, wenn Weihnachten kommt, muss ich an Herrn Sörensen denken. Er war der erste Mensch in meinem Leben, der ein einsames Weihnachtsfest feierte, und das habe ich nie vergessen können.

Herr Sörensen war mein Lehrer in der ersten Klasse. Er war gut, im Winter bröselte er sein ganzes Frühstücksbrot für die hungrigen Spatzen vor dem Fenster zusammen. Und wenn im Sommer die Schwalben ihre Nester unter den Dachvorsprung klebten, zeigte er uns die Vögel, wie sie mit hellen Schreien hin- und herflogen. Aber seine Augen blieben immer betrübt.

Im Städtchen sagten sie, Herr Sörensen sei ein wohlhabender Mann. „Nicht wahr, Herr Sörensen hat Geld?", fragte ich einmal meine Mutter. „Ja, man sagt's." – „Ja … ich hab ihn einmal weinen sehen, in der Pause, als ich mein Butterbrot holen wollte …"

„Herr Sörensen ist vielleicht so betrübt, weil er so allein ist", sagte meine Mutter. „Hat er denn keine Geschwister?", fragte ich. „Nein – er ist ganz allein auf der Welt."

Als dann Weihnachten da war, sandte mich meine Mutter mit Weihnachtsbäckereien zu Herrn Sörensen. Wie gut ich mich daran erinnere. Unser Stubenmädchen ging mit, und wir trugen ein großes Paket, mit rosa Band gebunden, wie die Mutter stets ihre Weihnachtspäckchen schmückte.

Die Treppe von Herrn Sörensen war schneeweiß gefegt. Ich getraute mich kaum einzutreten, so rein war der weiße Boden. Das Stubenmädchen überbrachte die Grüße meiner Mutter. Ich sah mich um. Ein schmaler hoher Spiegel war da, und rings um ihn, in schmalen Rahmen, lauter schwarzgeschnittene Profile, wie ich sie nie vorher gesehen hatte.

Herr Sörensen zog mich ins Zimmer hinein und fragte mich, ob ich mich auf Weihnachten freue. Ich nickte. „Und wo wird Ihr Weihnachtsbaum stehen, Herr Sörensen?"

„Ich? Ich habe keinen, ich bleibe zu Hause."

Und da schlug mir etwas aufs Herz beim Gedanken an Weihnachten in diesem „Zuhause". – In dieser Stube mit den schwarzen kleinen Bildern, den schweigenden Büchern und dem alten Sofa, auf dem nie ein Mensch saß – ich fühlte das Trostlose, das Verlassene in dieser einsamen Stube, und ich schlug den Arm vors Gesicht und weinte.

Herr Sörensen zog mich auf seine Knie und drückte sein Gesicht an meines. Er sagte leise: „Du bist ein guter kleiner Bub." Und ich drückte mich noch fester an ihn und weinte herzzerbrechend.

Als wir heimkamen, erzählte das Stubenmädchen meiner Mutter, ich hätte „gebrüllt".

Aber ich schüttelte den Kopf und sagte: „Nein, ich habe nicht gebrüllt. Ich habe geweint. Und weißt du, ich habe deshalb geweint, weil nie jemand zu Herrn Sörensen kommt. Nicht einmal am Heiligen Abend ..."

Später, als wir in eine andere Stadt zogen, verschwand

Herr Sörensen aus meinem Leben. Ich hörte nie mehr etwas von ihm. Aber an jenem Tag, als ich an seiner Schulter weinte, fühlte ich, ohne es zu verstehen, zum ersten Male, dass es Menschen gibt, die einsam sind. Und dass es besonders schwer ist, allein und einsam zu sein an Weihnachten.

Herman Bang

Und ich werde an Weihnachten
nach Hause kommen.
Wir alle tun das oder sollten es tun.
Wir alle kommen heim oder sollten
heimkommen, für eine kurze Rast – je länger,
desto besser –, um Ruhe aufzunehmen
und zu geben.

Charles Dickens

Sechsundvierzig Heiligabende

Fünfundvierzigmal hintereinander hab ich mit meinen Eltern zusammen die Kerzen am Christbaum brennen sehen. Als Flaschenkind, als Schuljunge, als Seminarist, als Soldat, als Student, als angehender Journalist, als verbotener Schriftsteller. In Kriegen und auch im Frieden. In traurigen und in frohen Zeiten. Vor einem Jahr zum letztenmal, als es Dresden, meine Vaterstadt, noch gab.

Diesmal werden meine Eltern am Heiligabend allein sein. Im Vorderzimmer werden sie sitzen und schweigend vor sich hinstarren. Das heißt, der Vater wird nicht sitzen, sondern am Ofen lehnen. Hoffentlich hat er eine Zigarre im Mund. Denn rauchen tut er für sein Leben gern. „Vater hält den Ofen, damit er nicht umfällt", sagte meine Mutter früher. Mit einem Male wird er „gute Nacht" murmeln und klein und gebückt, denn er ist fast achtzig Jahre alt, in sein Schlafzimmer gehen. Nun sitzt sie ganz einsam und verlassen. Ein paarmal hört sie ihn noch nebenan husten. Schließlich wird es in der Wohnung vollkommen still sein ... Bei Grüttners oder Temettes singen sie vielleicht „O du fröhliche, o du selige". Meine Mutter tritt ans Fenster und schaut auf die weißbemützten Häuserruinen gegenüber. Am Neustädter Bahnhof pfeift ein Zug. Aber ich werde nicht in dem Zuge sein.

Dann wird sie in ihren Kamelhaarpantoffeln leise und langsam durchs Zimmer wandern und meine Photographien betrachten, die an den Wänden hängen und auf dem Vertiko stehen. In den Büchern, die ich geschrieben habe und die sie auf den Tisch gelegt hat, wird sie blättern. Seufzen wird sie. Und vor sich hinflüstern: „Mein guter Junge." Und ein wenig weinen, nicht laut, obwohl sie allein im Zimmer ist. Aber so, dass ihr das alte, tapfere Herz weh tut. Wenn ich daran denke, ist es mir, als müsste ich, hier in München, auf der Stelle vom Stuhl aufspringen, die Treppen hinunterstürzen und ohne anzuhalten bis nach Dresden jagen, durch die Straßen und Wälder und Dörfer. Über die Brücken und Berge und verschneiten Äcker und Wiesen. Bis ich endlich außer Atem vor dem Hause stünde, in dem sie sitzt und sich nach mir sehnt wie ich mich nach ihr.

Aber ich werde nicht die Treppen hinunterstürzen. Ich werde nicht durch die Nacht nach Dresden rennen. Es gibt Dinge, die mächtiger sind als Wünsche. Da muss man sich fügen, ob man will oder nicht. Man lernt es mit der Zeit. Dafür sorgt das Leben. Sogar von euch wird das schon mancher wissen. Vieles erfährt der Mensch zu früh. Und vieles zu spät.

Meine liebe Mutter ... Nun bin ich doch selber schon ein leicht angegrauter, älterer Herr von reichlich sechsundvierzig Jahren. Aber der Mutter gegenüber bleibt man immer ein Kind. Mutters Kind eben. Ob man sechsundvierzig ist oder Ministerpräsident von Bischofswerda oder Johann Wolfgang von Goethe persönlich. Das ist den Müttern, Gott sei Dank, herzlich einerlei! Später wird sie sich eine Tasse Malzkaffee einschenken aus der Zwiebelmusterkanne, die in der Ofenröhre warm steht.

Dann wird sie ihre Brille aufsetzen und meinen letzten Brief noch einmal lesen und ihn sinken lassen und an die fünfundvierzig Heiligabende denken, die wir gemeinsam verlebt haben, an Weihnachtsfeste besonders, die weit, weit zurückliegen, in längst vergangenen Zeiten, da ich noch ein kleiner Junge war, an das eine Mal etwa, wo ich ihr einen großen, schönen, feuerfesten Topf gekauft hatte und mit ihm, als sie mich zur Bescherung rief, hastig durch den Flur rannte. Als ich ins Zimmer einbiegen wollte, begann ich strahlend: „Da, Mutti, hast du …" Ich wollte natürlich rufen: „… einen Topf!" Aber nein, Mutters feuerfester Topf kam leider, als ich in die Zielgerade einbog, mit der Tür in Berührung. Er zerbrach, und ich stammelte entgeistert: „Da, Mutti, hast du – einen Henkel!" Denn mehr als den Henkel hatte ich nicht in der Hand.

Wenn sie daran denkt, wird sie lächeln und einen Schluck Malzkaffee trinken und sich anderer Weihnachten erinnern. Vielleicht jenes Heiligabends, an dem ich ihr die „sieben Sachen" schenkte. Verlegen überreichte ich ihr eine kleine, in Seidenpapier gewickelte Pappschachtel und sagte, während sie diese unterm Christbaum vorsichtig und gespannt auspackte: „Weißt du, ich habe doch nicht viel Geld gehabt – aber es sind sieben Sachen, und alle sieben sind sehr praktisch!" In der Schachtel fand sie eine Rolle schwarzen Zwirn, eine Rolle weißen Zwirn, eine Spule schwarze Nähseide, eine Spule weiße Nähseide, ein Briefchen Sicherheitsnadeln, ein Heftchen Nähnadeln und ein Kärtchen mit einem

Dutzend Druckknöpfen. Sieben Sachen! Da freute sie sich sehr, und ich war stolz wie der Kaiser von Annam.

Oder ihr fällt jener Weihnachtsabend ein, an dem ich nach der Bescherung noch zu Försters Fritz, meinem besten Freunde, lief, um zu sehen, was denn er bekommen hatte. Seinen Eltern gehörte das Milchgeschäft an der Ecke Jordanstraße ... Ganz plötzlich kam ich wieder nach Hause. Ich stand, als meine Mutter die Tür öffnete, blass und verstört vor ihr. Försters Fritz hatte eine Eisenbahn geschenkt bekommen, und als ich damit hatte spielen wollen, hatte er mich geschlagen!

Da stand ich nun klein und ernst vor ihr und fragte, was ich tun solle. Zurückschlagen hatte ich nicht können. Damals hatte meine Mutter zu mir gesagt: „Es war richtig, dass du nicht zurückgeschlagen hast! Einen Freund, der uns haut, sollen wir nicht auch prügeln, sondern mit Verachtung strafen!" – „Mit Verachtung strafen?" Ich machte kehrt.

„Wo willst du denn hin?", fragte meine Mutter. „Wieder zurück", erklärte ich energisch, „ihn mit Verachtung strafen!" Und so ging ich wieder zu Försters und verbrachte den Rest des Abends damit, meinen Freund Fritz gehörig zu verachten. Leider weiß ich nicht mehr, wie ich das im einzelnen gemacht habe. Schade, sonst könnte ich euch das Rezept verraten. Oder meine Mutter wird an einen anderen Heiligabend denken, der nicht ganz so weit zurückliegt. Es sind höchstens zwanzig Jahre her – da gingen wir, nach unserer Bescherung, an den Albertplatz zu Tante Lina, um dabeizusein, wenn der kleine Franz beschert bekäme. Franz war das Kind meiner früh verstorbenen Base Dora. Ich war damals ungefähr fünfundzwanzig Jahre alt, und plötzlich sagte Tante Lina, der Weihnachtsmann, der zum kleinen Franz hatte kommen wollen, habe in letzter Minute wegen Überlastung abtelefoniert, und ich müsse ihn unbedingt vertreten! Sie zogen mir einen umgewendeten Pelz an, hängten mir einen großen weißen Bart aus Watte um, drückten mir einen Sack mit Äpfeln und Haselnüssen in die Hand und stießen mich in das Zimmer, wo Franz, der kleine Knirps, neugierig und etwas ängstlich auf den richtigen Weihnachtsmann wartete. Als ich ihn mit kellertiefer Stimme fragte, ob er auch gut gefolgt habe, antwortete er: O ja, das habe er schon getan. Und dann kitzelte mich der alberne Wattebart derartig in der Nase, dass ich laut niesen musste. Und der kleine Franz sagte höflich: „Prost, Onkel Erich!" Er hatte den Schwindel von Anfang an durchschaut und hatte nur geschwiegen, um uns Erwachsenen den Spaß nicht zu verderben.

Meine Mutter in Dresden wird also an vergangene glücklichere Weihnachten denken, und ich in München werde es auch tun. Erinnerungen an schönere Zeiten sind kostbar wie alte goldene Münzen. Erinnerungen sind der einzige Besitz, den uns niemand stehlen kann und der, wenn wir sonst alles verloren haben, nicht mitverbrannt ist. Merkt euch das! Vergesst es nie! Während ich am Schreibtisch sitze, werden meiner Mutter vielleicht die Ohren klingen. Da wird sie lächeln und meine Photographien anblicken, ihnen zunicken und flüstern: „Ich weiß schon, mein Junge, du denkst an mich."

Erich Kästner

Weihnacht

Ein Augenblick im Meer der Zeiten,
in dem die stillen Stimmen tönen,
die sonst der Tag verdeckt mit seinem lauten Schrein,
der Augenblick, in dem die Kerzen brennen,
die heiligen Kerzen, die der Liebe leuchten,
da jedes Herz es ahnt, was Friede sei.

In dieser Stille zwischen heut und morgen,
in dieser Handvoll weniger Minuten
besinnt der Mensch sich auf sein tiefstes Glück,
lauscht auf die leise Melodie der Liebe –
und geht dann neu zu seinem Tag zurück.

Elisabeth Dauthendey

Weihnachtslied

Lieblich wieder durch die Welt
geht die holde Kunde,
die den Hirten auf dem Feld
klang aus Engelsmunde.

Was den Hirten wurde kund,
blieb uns unverloren:
Wieder kündet Engelsmund,
dass uns Christ geboren.

Welch ein Glanz durchbricht die Nacht
in des Winters Mitte!
Welche Freude wird gebracht
in die ärmste Hütte!

Winters Nacht und Sorge weicht
hellem Jubel wieder,
und der Himmel wieder steigt
auf die Erde nieder.

Wenn die goldnen Sterne glühn
in des Himmels Ferne,
leuchten aus dem Tannengrün
auch viel goldne Sterne.

Haus an Haus, mit hellem Schein
flammen auf die Kerzen,
durch die Augen fällt hinein
Licht auch in die Herzen.

Sei willkommen, Weihnachtslust,
kling empor im Liede!
Freude wohn in Menschenbrust,
auf der Erde Friede!

Johannes Trojan

MB

Ich will
Weihnachten im
Herzen bewahren

Kein Sternchen mehr funkelt,
tief nächtlich umdunkelt
lag Erde so bang;
rang seufzend mit Klagen
nach leuchtenden Tagen,
ach, Harren ist lang.

Als plötzlich erschlossen,
vom Glanze durchgossen,
der Himmel erglüht,
es sangen die Chöre:
Gott Preis und Gott Ehre!
Erlösung erblüht.

Es sangen die Chöre:
Den Höhen sei Ehre,
dem Vater sei Preis.
Und Frieden hienieden,
ja Frieden, ja Frieden
dem ganzen Erdkreis!

Clemens Brentano

Die Geschichte vom Weihnachtsenglein

In der Heiligen Nacht, als im Stall von Bethlehem das Christkind zur Welt gekommen war, standen viele Engel um die Krippe. Sie beteten das Kind an und sangen ihm Lieder, um es zu begrüßen. Ein winziges Engelchen war auch mitgekommen, obwohl es der liebe Gott eigentlich nicht mit auf die Erde schicken wollte. Aber es hatte so sehr gebettelt, dass es zu guter Letzt doch mitdurfte. Das Englein stand ganz andächtig vor der Krippe und als es das Jesuskind sah, das da so armselig im Heu und Stroh lag, statt in einem weichen Bettchen, da wurde es ganz traurig. Es überlegte hin und her, was es tun könnte, um es dem Kind ein bisschen bequemer zu machen. Ganz schüchtern sagte es zu ihm: „Ach, liebes Jesuskind, ich möchte dir so gern eine Freude machen, aber mir fällt überhaupt nichts ein. Das heißt … ich könnte mich höchstens zu dir in die Krippe legen. Das geht ganz gut, weil ich doch noch so klein bin. Auf meinem einen Flügel würdest du ganz warm und weich liegen, und mit dem anderen würde ich dich zudecken." Das Jesuskind lächelte es liebevoll an und das Engelchen legte sich zu ihm in die Krippe und hielt es warm. Ja, und seit dieser Zeit hat der liebe Gott gerade dieses Englein zum Schutzengel aller Babys gemacht, die in der Heiligen Nacht zur Welt kommen, und so ist es geblieben bis auf den heutigen Tag.

Annemarie Wagner

Die Heiligen Drei Könige

Die Heiligen Drei Könige stehn vorm Haus,
Maria guckt zum Fenster heraus.

„Ihr Heiligen Drei Könige, kommt nur herein,
es wird schon für euch noch ein Plätzel sein."

Sie gingen gebückt in den kleinen Stall
und fielen auf ihre Knie all.

„Wir sind drei Könige, kommen weit her,
du aber, o Christkind, bist viel mehr.

Hast gar keine Krone, hast gar keine Zier,
hast aber ein königlich Herz in dir.

Das wirft den allerhellsten Schein
und wird die Krone der Menschheit sein."

Die Könige gingen. Maria sann
und sah aus Tränen ihr Kindel an.

Otto Julius Bierbaum

Welch Geheimnis ist ein Kind!
Gott ist auch ein Kind gewesen.
Weil wir Kinder Gottes sind,
kam ein Kind, uns zu erlösen.

Welch ein Geheimnis ist ein Kind!
Wer dies einmal je empfunden,
ist den Kindern überall
durch das Jesuskind verbunden.

Clemens Brentano

Bethlehem

Aus voller Silberschale
gießt fahles Licht der Mond.
Mit blendend hellem Strahle
ein Stern am Himmel thront.

Eine ärmliche Bauernhütte
verklärt er mit feurigem Lohn,
drin ruht auf weicher Schütte
Maria mit dem Sohn.

Aus fernem Morgenlande
auf sterngewiesenem Pfad,
im schimmernden Prachtgewande
sind die drei Könige genaht.

Sie knieten anbetend vorm Knaben
und küssten ihm Stirn und Haar
und brachten kostbare Gaben:
Gold, Weihrauch und Myrrhen ihm dar.

Ein Hirtenbub stand ferne,
scheu abwärts den Blick gesenkt,
auch er hätt gar so gerne
dem Heiland etwas geschenkt.

Er hat nichts, das er böte,
ist aller Gaben bar:
Auf seiner Hirtenflöte
bringt er ein Lied ihm dar.

Da wendet sich von den Königen
der Knab und lächelt süß
und lauscht dem zaubertönigen
Lied, das der Hirt ihm blies.

Die Englein hörten schallen
das Lied und machten es kund:
Den Menschen ein Wohlgefallen
und Frieden dem Erdenrund!

Richard Zoozmann

Weihnachtslegende

In Heiliger Nacht flogen Hand in Hand
drei Englein hinab in das jüdische Land.

Sie wollten die seligste aller Fraun
und das göttliche Kind in der Krippe schaun.

Der Stern von Bethlehem war noch wach
und strahlte mild auf das flache Dach.

Sie suchten die Pforte und fanden sie bald
und lugten wechselnd durch heimlichen Spalt.

Sie riefen und baten und klopften ganz sacht,
bis Joseph behutsam aufgemacht.

Im Stall war es dämmrig. Sie schwebten heran
und schauten den schlummernden Heiland an.

Der eine hob hoch die Ampel empor
und breitete schattend sein Flüglein davor.

Der zweite schob sanft in des Kindleins Hand
ein Sternlein, gefunden am Himmelsrand.

Der dritte hat fromm vor der Krippe gekniet
und sang mit süßer Stimme ein Lied.

Da zog ein Lächeln, göttlich und licht,
über des himmlischen Kindes Gesicht.

Für alle Zukunft hat es geweiht
die Feier der heiligen Weihnachtszeit:

die strahlende Leuchte, den Weihnachtsstern
und das fromme Lied zum Preise des Herrn.

Alice von Gaudy

Weihnacht

O Weihnachtszeit, du goldne Pforte!
Durch dich wallt still der Kinder Schar.
Und ihnen folgt voll sel'gen Hoffens
die Menschheit nach von Jahr zu Jahr;
wem längst in weiter Ferne liegen
die Kinderjahre wie im Traum,
wo noch zur Erde niederstiegen
die Engel aus des Himmels Raum,
der denkt zurück mit stillem Lauschen
an jene Zeit voll Poesie
und hört der Engel Schwingen rauschen
wie einst des Kindes Fantasie.

Wer könnte jemals dein vergessen,
du Weihnachtstraum der Kinderzeit!
Du bleibst ein heiliges Vermächtnis
dem Herzen, lägst du noch so weit.
Voll Dank gedenken wir aufs Neue
der Opfer, die uns einst gebracht
von jener Liebe, jener Treue,
die unserer Kindheit Glück bewacht.
Das Vaterhaus umgibt uns wieder,
wir hören teurer Stimmen Klang
und süß ertönen alte Lieder,
die, ach, verklungen schon so lang.

Wir sehn im Geiste all die Lieben
im trauten Kreise um uns her,
die wir vermisst, die wir beweinet
bei mancher Weihnacht Wiederkehr,
drum lasst uns stets, was uns das Leben
noch ließ, mit treuer Lieb umfahn
und freud'gen Herzens Gaben geben
an die, die bittend sich uns nahn.
Und der Gedanke an die Toten
wird dann, vom Weihnachtsstrahl erhellt,
zu einem lichten Friedensboten
aus jener höhern, bessern Welt.

O Weihnachtszeit, wo Gott vom Himmel
als seiner Gnade höchstes Pfand
den Sohn voll Lieb und Licht und Wahrheit
uns Menschenkindern hergesandt.
Zünd an der Liebe Strahlenkerzen
der Welt aufs Neu, mach groß und weit
und dankerfüllt der Menschen Herzen,
zum Geben jede Hand bereit.
Lass sanft in unsere Seele fallen
den Strahl des Lichtes wunderbar,
dass wir getrost durch deine Hallen
hinübergehn ins neue Jahr.

Stine Andresen

Frohe Weihnachten und ein glückliches neues Jahr!

Es gibt Leute, die dir sagen werden, dass Weihnachten auch nicht mehr das ist, was es einmal war. Höre nicht auf sie. Es gibt wenige, die alt geworden sind auf dieser Erde, die nicht an jedem beliebigen Tag im Jahr solche Gedanken wachrufen könnten. Aber suche dir doch für deine trostlosen Erinnerungen nicht eben den fröhlichsten der 365 Tage aus. Rücke lieber deinen Stuhl näher an das flackernde Feuer, fülle dein Glas, stimme ein Lied an und sei dankbar, dass alles nicht noch schlimmer ist.

Denke nach über den Segen, der dir reichlich zuteil wurde – und er ist bei keinem gering –, und nicht über vergangenes Missgeschick, das jedem widerfährt. Fülle dein Glas abermals mit fröhlichem Gesicht und zufriedenem Herzen. Dein Weihnachten soll ein fröhliches sein und dein neues Jahr ein glückliches!

Charles Dickens

Ein neues Jahr

Ein neues Jahr tritt froh herein,
mit aller Welt in Frieden;
vergiss, wie viel der Plag und Pein
das alte Jahr beschieden!

Du lebst: Sei dankbar, froh und klug,
und wenn drei bösen Tagen
ein guter folgt, sei stark genug,
sie alle vier zu tragen.

Friedrich Wilhelm Weber

Lasst uns, Freunde,

ins neue Jahr eingehen wie in
ein schönes, gesichertes Haus,
in dem die Liebe und der Friede wohnt
und Schönheit überall heimisch ist.

Und lasst uns, Freunde,

heiter gelassenen Sinns, mit keinem
Hass belastet, ohne Neid, heil,
liebe Freunde, im starken Herzen, lasst uns
in dieses neue Haus einziehen, und lachend.

Otto Julius Bierbaum

Von guten Mächten

Von guten Mächten treu und still umgeben,
behütet und getröstet wunderbar,
so will ich diese Tage mit euch leben
und mit euch gehen in ein neues Jahr.

Noch will das alte unsre Herzen quälen,
noch drückt uns böser Tage schwere Last,
ach, Herr, gib unsern aufgescheuchten Seelen
das Heil, für das Du uns geschaffen hast.

Und reichst Du uns den schweren Kelch, den bittern
des Leids, gefüllt bis an den höchsten Rand,
so nehmen wir ihn dankbar ohne Zittern
aus Deiner guten und geliebten Hand.

Doch willst Du uns noch einmal Freude schenken
an dieser Welt und ihrer Sonne Glanz,
dann wolln wir des Vergangenen gedenken,
und dann gehört Dir unser Leben ganz.

Lass warm und hell die Kerzen heute flammen,
die Du in unsre Dunkelheit gebracht,
führ, wenn es sein kann, wieder uns zusammen.
Wir wissen es, Dein Licht scheint in der Nacht.

Wenn sich die Stille nun tief um uns breitet,
so lass uns hören jenen vollen Klang
der Welt, die unsichtbar sich um uns weitet,
all Deiner Kinder hohen Lobgesang.

Von guten Mächten wunderbar geborgen,
erwarten wir getrost, was kommen mag.
Gott ist mit uns am Abend und am Morgen
und ganz gewiss an jedem neuen Tag.

Dietrich Bonhoeffer

Vorüber sind die Feste

Vorüber sind die Feste wieder,
die uns gegrüßt mit Glanz und Licht,
verstummt die holden Weihnachtslieder,
draus reinster Liebe Segen spricht.

Es gab dafür ein langes Sorgen,
ein Vorbereiten Tag und Nacht,
beim Lampenschein ward mancher Morgen
gar arbeitsvoll herangewacht.

Das Werk der Liebe zu bereiten,
bemühte sich so Alt und Jung,
und jedes Herz schien sich zu weiten
in Hoffnung und Erinnerung.

Und Liebe wurde zum Erbarmen:
Vom Christbaum aus dem eignem Heim
fiel mancher Strahl auch auf die Armen
und weckte neuer Hoffnung Keim. –

Die Heil'ge Nacht – die Feiertage
mit aller Weihe, allem Glück,
des Jahreswechsels ernste Frage –
wir blicken jetzt darauf zurück.

Vorüber wieder sind die Feste
und uns umfängt die Alltagswelt,
doch bleibt uns ja davon das Beste:
Begeistrung, die uns aufrecht hält.

Sie, die am Sterne sich entzündet,
der in der Weihnacht zog vorauf
und allen Sehenden verkündet:
Es naht das Heil – nun wachet auf!

Den Festen folgt der Arbeit Mühen,
das ihnen freudig ging voran –
wenn wir im Dienst der Menschheit glühen,
sind wir auf rechter Lebensbahn.

Louise Otto-Peters

Quellen

Bertolt Brecht, Das Paket des lieben Gottes.
Eine Weihnachtsgeschichte.

Aus: Bertolt Brecht, Werke. Große kommentierte Berliner und Frankfurter Ausgabe, Band 19: Prosa 4.

Mascha Kaléko, Betrifft: Erster Schnee.

Aus: Mascha Kaléko, Das lyrische Stenogrammheft. Kleines Lesebuch für Große (Hrsg. Gisela Zoch-Westphal)

Erich Kästner, Sechsundvierzig Heiligabende.

Aus: Erich Kästner, Der tägliche Kram.

Annemarie Wagner, Die Kerzen am Adventskranz *und* Der Stern *und* Die Geschichte vom Weihnachtsenglein.

MB